나는, 나와 산다

나는, 나와 산다

누구나 혼자인 시대,
자신을 돌보는 '혼자들'을 위하여

김민아 지음

끝레마 Clema

1인 가구,
'혼자'를 둘러싼 클리셰 너머

두 해 전 겨울, 나는 내가 태어난 지역의 사무소로 발령 났다. 통계청이 분류하는 '직장 때문에 혼자 사는 1인 가구'에 합류하게 된 거다.

태어난 지역이라 해도 서울에서 산 지 25년이 지났으니 모든 기반이 서울에 있어 기껍지는 않았지만, 따지고 보면 인간은 다 혼자니 달라질 건 없다고 여겼다. 그럼에도 낯선 도시, 어떤 온기도 없는 6평 오피스텔에 돌아와 혼자 밥을 먹고 잠자리에 드는 일은 때때로 놀랄 만큼 생경하다.

주변을 둘러보면 나만 특별히 경험하는 상황도 아니다. 내 동생은 십수 년째 결혼 결심이 서지 않아 혼자 살고 있고, 내 오빠는 잦은 이직 끝에 자리 잡은 곳이 타 지역이라 가족과 떨어져 지내다 주말에만 만난다. 한 다리 건너 내 작은아버지는 암 투병 중인데도 혼자 살기를 고집해 13평 아파트를 떠나지 않고, 작은어머니는 그런 남편의 집에 정기적으로 반찬을 넣어주러 간다. 내 친구 중에도 혼자 사는 이들이 제법 있다.

주거와 생계를 함께하는 사회의 최소 단위인 '가구'. 2005년 이전까지는 혼자서 주거와 생계를 책임지는 이들을 '단독가구'라 했고, 이후부터는 혼자서 살림하는 이들을 '1인 가구'라 부르기 시작했다. 이제 1인 가구는 한국의 가장 흔한 주거 형태로, 보편적인 삶의 방식(a way of life)이다.

나는 각기 다른 조건을 가진 스무 명의 혼자 사는 사람들을 만나 그들의 '안녕'을 물었다. 집단으로 만나 큰 그림을 그리기보다 한 사람의 내밀한 처지와 고민에 집중했다. 성별, 나이, 주거 형태, 혼인 여부, 가정 형편, 성 정체성, 건강 상태 등이 제각각인 스무 명을 '한 사람'씩 만났고, 그의 생활 세계로서의

미시사(微視史)에 주목했다.

졸업 후 직장을 잡기 시작하거나 이미 잡은 30대, 그리고 혼인 관계의 변화에 따라 다시 1인 가구가 된 40~50대를 상대적으로 더 많이 만났다. 한국에서 1인 가구 증가율이 가장 높은 연령대는 20~30대와 70대 이상의 노인층이지만, 사회적 고립과 고독사라는 카테고리만 놓고 보면 40대 중후반부터 50대의 1인 가구 추세가 더 가파르고, 여자보다 남자 비율이 더 높다. 이들은 성별을 불문하고 안정적인 기반을 갖추었다고 간주될 '중년'임에도 여전히 취업난에 시달리며 높은 스트레스에 노출돼 있었는데, 질병이라도 있다면 차별이 더해져 사적·공적 관계 안에서 고립감과 단절감을 경험할 가능성이 더 커 보였다.

미디어나 기존 연구들에서는 비혼(을 결심한 이들)과 젊은 연령층이 직업이나 학업에 따라 1인 가구가 되는 것은 '자발적' 선택이고, 이혼이나 가족 갈등으로 1인 가구로 흘러 들어가면 '비자발적' 선택이라고 분석하는 모양이지만, 현실에서 개인들의 '선택'은 뒤섞여 있고 경계도 모호하다. '혼자'는 자발적인 혼자와 비자발적인 혼자로 딱 나뉘지도 않는다. 1인 가구로 살다 중도에 포기하고 싶어도 다시 가족 안으로 들어갈 수 없는 사람이 있고, 이혼으로 가까스로 결혼 제도를 깨고 나와 기꺼이 1인 가구가 되는 이도 있다. 이런 저간의 사정은 통계나 데이터에 나타나지 않는다.

사회 제도라는 게 얼마나 철저히 3~4인 가구에 부합하도록 설계되어 있는지 '혼자들'은 혼자가 되고서야 깨닫는다. 정치인들은 평소에는 '1인 가구'를 의식하지 못하다가, 혹은 의식하지 않다가 선거철이 다가오면 '아차, 유권자!' 한다. 때문에, 혼자 사는 사람들의 일상은 제도권의 보호와 승인 바깥에 머물기 일쑤다. 제도만인가? 혼자는 혼자라서 홀가분해 보일 때는 부러운 대상이지만, 혼자라 '하자' 있어 보일 때는 문제 많은 사람으로 비칠 뿐이다. 따라서 어떤 혼자들은 너무도 분명한 이유로 고통받는다.

성 소수자 권리증진 단체의 상근 활동가인 30대 선영 씨. 그녀는 방이 3개나 되는 전셋집에 살지만, 엄마는 잊을 만하면 이제 그만 '자취생활'을 접고 집으로 돌아오라고 다그친다.

퇴근하고 돌아와 '혼술'로 하루를 정리하는 게 일상의 낙인

50대 광서 씨. 광서 씨 집에 정수기 필터를 교환하러 오는 이는 매번 빠짐없이 묻는다. 왜 계속 혼자냐고. 처음에는 선선히 응하던 그도 요즘은 듣기 싫어 "다, 그만한 이유가 있습니다" 하고 만다. 반찬가게 주인, 세탁소 주인도 친해지면 광서 씨에게 훈수를 두었다. "남자는 나이 들어 혼자 살면 보기 안 좋아요. 추레해 보여서."

아무 때고 훅훅 치고 들어오는 언어와 시선의 폭력. 받는 처지에서는 일일이 대거리할 수 없으니 외면해보기도 하지만, 오래 참다 보면 좌절감에 휩싸여 화병을 얻을지도 모른다. 많은 경우 혼자 살며 겪어야 하는 불합리한 반응과 차별은 '혼자는~ 이럴 것이다'라는 틀에 박힌 생각, '클리셰'에서 비롯되는 것 같았다. 혼자라서 외로움을 느끼는 게 아니라, 혼자는 어떠할 것이라는 뭇사람들의 예단과 편견, 혼자라고 괴롭히는 문화 때문에 고통받는다.

2018년 초, 영국이 외로움 담당 장관을 임명했다는 뉴스가 한동안 화제였다.[1] 국가가 자국민의 외로움에 관심을 가지고 정책으로 다루겠다고? 영국도 '외로움'이 골치긴 골치인 모양인데 어떻게 다루겠다는 건지, 어떤 대안을 제시하겠다는 건지 궁금했다. 1장에서는 국가가 외로움을 다루려는 이유와 내용 그리고 영국의 방식을 우리 사회에도 적용해볼 수 있을지 살펴보았다.

혼자 산다는 건 자기 안의 '낙타'와 모래사막을 걷는 일인지도 모른다. 낙타가 사막을 걷는 일은 자연스럽지만, 그 모습이 힘들어 보인다면 보는 사람의 상태가 반영됐기 때문이 아닐까?

2장에는 '혼자들'이 하는 진짜 걱정을 담았다. '1인 가구 = 외로움'이라는 단순한 등식은 말 그대로 클리셰일 뿐, 현실에서 1인 가구들은 훨씬 다양한 감정적·현실적 애로사항을 겪고 있었다. 1인 가구에 대한 클리셰가 고착된 사회에서는 혼자 살기 때문에 더 불안한 게 아니라, 네가 사는 방식이 잘못됐다고 겁주고 무시하고 못되게 구는 사람들 때문에 불안하다. 이런 심리가 반영된 탓인지 내가 만난 혼자들은 현재의 삶과 미래에 대해 가족과 함께 사는 이들보다 노후 걱정을 훨씬 많이 했다. 일례로 '홀로사(死)'에 대한 준비는 사는 동안의 '나'와 내가 사라진 이후의 '그들'을 위한 깊은 고려인 것이다.

3장에서는 혼자들이 생각하는 자신의 취약함과 여러 패턴의 인간관계에 대해 살펴보았다. 혼자는 혼자 살며 생활의 각(角)을 잡는 사람들이다. 혼자는 혼자 있을 때의 자신의 취약함을 제법 잘 알고 있었다. 뭇사람들이 걱정해주는 외로움도 그리 걱정할 정도는 아니라고 한다.

4장에는 국가가 1인 가구를 걱정하고 정책을 세우고자 한다면, 자주 바뀌는 감정(외로움)이 아니라 1인 가구의 '처지'에 관심을 가져주면 좋겠다는 바람을 담았다. 이때 처지는 대개 '불안한 거처'인데, 저출생과 결혼 기피는 '집 없음'에서 출발한다 해도 과언이 아니다.

5장에서는 누구나 혼자인 시대, 누가 보호자인지 물었다. 당장 병원에 입원만 하려 해도 보호자 대동을 요구받는데, 이때의 보호자는 법적 가족으로만 한정되기 일쑤다. 혼자 살며 맞닥뜨리는 문제 속에는 보호자가 절실해지는 순간들이 있다. 그렇다면 혈연이나 혼인 관계가 아닌 자신이 원하는 사람과 가족을 만들 수는 없는 걸까? 사실 이런 움직임은 오래전부터 있었다. 그 흐름에 대해서 살펴본다.

나는 내가 만난 스무 명의 화자들의 이야기를 가공하지 않고 실었는데, 그건 모든 이야기가 그들의 일상에서 비롯된 '생활력'에서 나왔기 때문이다. 내가 엿본 그들의 생활 자체가 이 책이 던지려는 질문이다.

"한 인간의 삶이 충분히 구체적으로 묘사될 경우, 그 속에서 보편성이 자연스럽게 드러난다는 낭만주의 문학가들의 믿음을 이어간다"는 켄지 요시노의 바람에 나도 기대본다.

자기 삶의 양식을 기꺼이 드러내 보여주신 책 안의 화자님들께 온 마음을 담아 감사드린다.

차례

1장
혼자, 외로움, 국가

'외로움'이라고 쓰고,
'모르겠다'고 읽는다

    지난여름, 나는 갑자기 몸이 이상했다. 온몸에 기운이 하나도 없고 얼굴에 조그맣게 열꽃이 피었다. 방안 온도계를 보니 35℃, 습도는 80%. 너무 덥고 습해 더위를 먹은 걸까? 싫어하는 에어컨을 켜도 차도가 없었다. 가슴도 한없이 답답했다. 감기 초기인 것도 같고, 저녁 먹은 게 체한 것도 같았다. 서랍에 든 몇 가지 상비약을 떠올렸지만 무얼 먹어야 할지 몰랐다.

    나는 벽에 기대앉아 6평 방안을 가만히 둘러보았다. 쓱 둘러보았을 뿐인데 눈물이 주룩 흘렀다. 갑자기 그러는 내가 당황스러워 내 감정을 들여다봤다. 뭐랄까, 그때의 내 마음은 좀 복잡했다. 손이 닿지 않는 선반 위에 놓인 물건처럼 볼 수도 만질 수도 없었다. 우주에 혼자 남겨진 것 같은 광활한 고독감이 이런 걸까? 이 묵직한 감정을 방치하면 나중에는 내게 어떤 일이 '생기거나', 내가 어떤 일을 '낼 수도' 있는 건가?

여기까진 '감정놀음'이라 쳐도, 몸에 이상이 생겨 한밤중에 응급상황이라도 발생하면 나는 당장 부를 사람이 없었다. 다행히 그런 상황은 오지 않았지만, 부지불식간에 스티커처럼 달라붙어 떨어지지 않고 점점 강해지는 그 감정은 오랫동안 가시지 않았다. 한밤중에 내가 느낀 막막함은 의존할 누군가가 없어서 느낀 것만은 아니지만, 그렇지 않다고도 자신 있게 말하지 못하겠다.

지상파 방송 피디인 50대 초반의 동호 씨는 좀 더 분명한 이유로 자주 가라앉았다. 그는 이혼하고 15년 동안 혼자 살아왔다. 요즘에는 이혼을 '혼인을 끝내는 일'에 불과하다고 여기는 추세지만, 자기 주변 사람의 이혼은 여전히 호기심을 자극하는 소재라고 동호 씨는 말한다. 누구도 대놓고 물어보지는 않지만, 주위에 자신의 사생활이 돌았을 거라고 짐작한다. '누가 그랬대~'라는 소문은 얼마나 전달되기 쉬운 '남일'인가. 동료들이 자신을 대하는 태도를 보면 동호 씨가 싱글인 걸 알고 하는 리액션이 대부분이었다. 보이지 않는 소문이야 그러려니 하지만 동호 씨가 정작 혼자임을 체감할 때는 따로 있다.

회사에서 인사발령을 하거나 근무조를 편성할 때 아이를 키워야 하는 사람과 혼자 사는 사람에 대한 차별(?)은 여실했다. 이해 못 할 바는 아니어서 처음에는 그러려니 했지만, 시간이 지날수록 가랑비에 속옷 젖어가듯 체감할 수 있었다. 야근이나 휴일 근무는 결혼하지 않은 비혼 직원이나 결혼에서 되돌아온, '지금 혼자'인 사람이 차출되기 쉬웠다. 우선적인 배려 대상은 단연 어린아이가 있는 집이었다. 동료들의 얼굴에 쓰인 무언의 메시지는 이랬다. '넌 (집에 돌아가 봐야) 아무도 없잖아.'

주거지를 옮겨야 하는 지방 발령은 더 노골적이었다. 아이가 있는 직원들은 "만일 지방으로 발령 내면 저는 육아휴직을 쓸 생각이에요"라며 육아휴직을 무슨 무기처럼 꺼내 들었다. 그러면 사유가 육아든 다른 것이든 인사를 담당하는 조직의 입장에서는 두 번 인사를 내야 하는 꼴이니 번거로움을 감수하지 않으려 했다. 그런 소문이 돌고 나면 당연하다는 듯 지방 발령은 비혼에게 돌아갔다.

그러니까 혼자 사는 이들과 비혼은 육아고, 휴직이고 꺼내들 '카드'가 없었다. 그럴 때마다 동호 씨는 부당함을 느끼지만 비단 직장에서만 그런 것도 아니었다. 친구들은 동호 씨의 '혼자 사는 삶(혼삶)' 자체를 '논외'로 쳤다.

대학 동문회에는 대개 사회적으로 성공한 친구들이 나왔다. 이제는 대학생 자녀를 둔 친구들의 주된 화제는 자식 걱정, 부부관계의 어려움이다. 그런 대화에는 거들 게 없는 '이혼남' 동호 씨는 모임 안에서 자주 겉돌았다. 물론 친구들이 동호 씨가 이혼했다고 대놓고 뭐라 한 적은 없지만, 말끝마다 추임새처럼 "애도 안 키워본 게 뭘 알아?"라며 (비)웃을 때는 소외감을 느꼈다. 오가는 이야기를 가만히 듣고 있다 보면 자신과 같은 나이인데도 친구들의 정치 성향이나 삶의 태도가 성별을 불문하고 너무나 '꼰대 아재'인 것도 놀라웠다. 관계를 자꾸 위아래로만 판단하려는 것도 거슬렸다.

너무 오래 '말 통하는' 후배들과만 가깝게 지내온 것인지도 몰랐다. 물론 후배들과도 함께 일하다 보면 감각의 차이, 사안에 대한 입장 차이를 선명하게 느낀다. 하지만 동호 씨는 후배보다 또래를 만날 때 더 이질감을 느꼈다.

그럼에도 한 가지는 궁금했다. 친구들을 보면 적어도 외로워 보이지는 않았다. 녀석들은 저렇게 가족에 둘러싸여 정신없이 사느라 외로움 따위는 잊고 사는 걸까? 동호 씨는 자신이 느끼는 헛헛함이 지금 가족이 없는 상태여서 그런 것인지, 인간이라면 누구나 맛보는 자연스러운 감정인지 구분할 수 없었다. 그러던 차에 동호 씨는 의외의 장소에서 외로움의 실체와 맞닥뜨렸다. 바로 이케아(IKEA)였다.

"이케아는 '이제 막' 같이 살기 시작한 사람들을 위해 만들어진 공간 같아요. 이제 막 동거를 시작한, 이제 막 집을 넓힌, 이제 막 결혼한 사람들을 위한 공간이죠. 가족, 연인을 불문하고 집에 이런 가구들을 들여놓고 산다면 행복도 따라올 거라는 환상이 떠다니는 거예요. 그래선지 매장 안에는 '우리 어떤 의자를 놔야 더 재미있게 살 수 있을까?' 의논하는 사람들로 바글바글해요. '에잇, 이런 고약한 데가 있나, 여긴 올 곳이 못 된다' 싶죠. 저는 이케아를 혼자 돌아다니는 게 극장에 혼자 가는 것보다 힘들더라고요."

가정집을 그대로 옮겨 놓은 듯한 가구들, 은은한 조명과 커튼, '모던'하고 '심플'한 집기들로 가득한 이케아 매장을 거닐다 보면 자신을 제외한 모든 사람이 행복해 보였다. 이런 대비에서 오는 감정의 낙차가 커서 동호 씨는 외로움 비슷한 감정을 느꼈지만, 그 감정이 가구를 함께 고를 누군가가 없어서였는지는 여전히 의문이다.

그런가 하면 동성애 정체성의 30대 초반, 효진 씨는 어떤가? 남성이 남성다울 것을 강요하는 맨박스(manbox)와는 거리가 먼 효진 씨는, 서로 어울려 다니며 거칠게 '사내 짓' 하는 또래들로 가득한 학교에는 흥미를 느끼지 못했다. 학교가 파하면 혼자 영화 보고 조용히 전시 보는 게 더 즐거웠다. 대부분 혼자였고, 혼자가 훨씬 편했다. 친구와 같이 보고 싶은 공연이 있어도 부러 노력해 약속을 잡는 편은 아니고 공연 본 후기를 떠드는 편도 아니다.

혼자서도 충분히 행복하다고 느끼는 효진 씨는 대체로 타인과 뭘 나누고 싶은 욕망이 없다. 다만 효진 씨는 한 번 사는 인생, 사는 동안 솔직하게 살고 싶고, 이 모습 이대로 이해받고 싶은 욕망이 있다. 예전에는 자신(성 정체성)을 숨기느라 둘러대길 잘했지만 자주 '언제까지 이렇게 살아야 하나?' 싶은 회의감에 휩싸였다. 거짓말은 지겹고 씁쓸했다.

동성결혼이 합법이 된다 해도 효진 씨는 혼자 살고 싶다. 동성애자를 혐오하는 이들이 동성애자를 '동성연애자'라고 부르고, 동성애자는 마치 모두 연애와 섹스에 중독된 사람인 양 몰아붙이지만 이야말로 잘못된 정보로 굳어진 통념이다. 효진 씨는 연애에는 통 소질도, 별 관심도 없다. 다만 자신의 모습 그대로를 인정하지 않는 사회에서 막막함과 고립감을 느낄 뿐이다.

동호 씨와 효진 씨처럼 혼자라서 맞닥뜨리는 상황과 감정의 결은 저마다 다를 것이다. 이들뿐이랴. 막막할 때 우리는 1인용 구명보트에 몸을 실은 채 망망대해를 떠다니는 사람 같다. 바다 날씨는 변화무쌍해 종잡을 수 없고 우리는 파도에 몸을 맡긴 채 어디론가 떠내려간다. 두려움인지 고립감인지 모를 감정을 수시로 느끼면서.

영국에는
외로움 담당 장관이 있다는데

2018년 1월, 영국에서는 당시 집권 보수당의 대표이자 총리인 테리사 메이가 체육시민사회부 장관인 트레이시 크라우치[2]를 외로움 담당 장관(Minister for Loneliness)으로도 임명했다. 국가가 국민의 '외로움'을 '사회 문제'로 인식하고 '해결'하겠다고 나선 것이다.

2016년 6월 어느 날, 노동당 소속 하원의원인 조 콕스(Jo cox)는 극우주의자 토마스 마이어(Thomas Mair)에게 살해당

한다. 살아생전 조 콕스는 의원으로서의 사명을 실현하고자 더 낮은 자리와 사람들을 찾아다녔는데, 그중에서도 특히 이주민과 난민에 각별한 애정을 쏟았다. 더불어 외로움은 개인이 혼자서는 해결할 수 없다는 사실을 인식하고 외로움을 해결할 방안을 연구하는 데 주력해왔다.

토마스 마이어는 이 같은 조 콕스의 행보도 못마땅했지만, 그녀가 영국의 유럽연합(EU) 탈퇴, 즉 브렉시트(Brexit)를 반대한다는 이유로 총격을 가했다. 당시 그는 조 콕스를 공격하면서 "영국이 우선이다(Britain first)"라고 외쳤다고 한다.

조 콕스의 사망 소식이 전해지자 영국 사회는 분노와 슬픔에 잠겼다. 런던 의회 광장에 마련된 추모소에는 그녀의 죽음을 애도하는 시민의 발길이 끊이지 않았다. 그녀의 남편과 친구들은 슬픔을 추스르고 그녀의 생전 뜻을 기리기 위해 조 콕스 기금을 모으기 시작했다.[3] 그렇게 단기간에 모인 후원금을 토대로 마침내 '조 콕스 고독위원회(Jo Cox Commission on Loneliness)'가 탄생했다.

그 뒤 조 콕스 고독위원회는 영국의 다양한 단체, 기관과 연대해 외로움에 관해 조사했다. 결과는 암울했다.

알기 쉬운 이미지와 통계로 잘 정리한 〈외로움에 대하여 (about loneliness)〉[4]를 보면, 6,400만 명의 영국인 중 900만 명 이상이 '항상 또는 자주' 외로움을 느끼는 것으로 나타났다. 이 중 런던에 사는 이민자와 난민의 58%는 외로움과 고립감을 느낀다고 답했고, 의사 4명 중 3명은 하루에 1명에서 5명의 환자가 외로움을 호소하며 자신의 병원을 찾는다고 말했다. "약한 사회적 관계(weak social connection)가 하루에 담배 15개비를 피우는 것만큼 건강에 해롭다"[5]는 조사 결과는 한국 언론에서도 이미 수차례 다뤘다.

국가가 외로움으로 고통받는 이들을 외면할수록 그들의 사회적 고립이 심화하리라는 진단은, 예상 밖은 아니지만, 적지 않은 의미를 띤다. 영국 정부는 외로움에 빠진 영국민을 구해내라는 조 콕스 고독위원회의 요청에 부응할 수 있을까?

여기서 궁금해진다. 조 콕스를 살해한 극우주의자는 어째서 그토록 잔악한 범죄를 저지른 걸까? 이어지는 기사들을 보면, 살인자는 범죄자에게 따라붙는 통념의 딱지인 '정신질환'은 없다고 수사 과정에서 밝혀졌지만, 극우 이념에 경도됐던 사람임에는 분명하다. 한 사람의 복잡한 내면은 끝내 알 수 없을 것이므로 일반화할 생각은 없지만, 내가 자주 보아온 소수자를 옹호하는 정책에 반대하는 고령의, 자칭 '애국주의자'를 떠올려본다. 온·오프라인 모임에 자주 얼굴을 내미는 그들을 만나기는 그리 어렵지 않다.

지역으로 발령 나기 전, 나는 서울 시청과 을지로에 위치한 사무실에서 근무했는데, 인근에선 자주 이들의 집회가 열렸다. 무대 위 확성기의 출력이 너무 커서 그들의 목소리를 듣지 않으려야 않을 수 없었다. 내가 자주 들었던 그들의 주장을 요약하면 이렇다. 이 사회가 우리 말을 무시하지만, 우리는 갈 길을 갈 것이다. 이 사회가 우리를 소외시키지만, 우리는 뜻을 굽히지 않는다. 우리는 난민과 성 소수자를 반대한다.

자칭 애국주의자들은 세상이, 사회가, 주류가 자신들을 받아주지 않고 무시한다며 억울한 감정을 가감 없이 내보였다. 그러면서 자신보다 약자이고 비주류인, 목소리를 높일 수 없는 소수자들을 반대함으로써 존재감을 드러냈다. 그들 중에는 집회가 끝나고 집으로 돌아가면 혼자인 이도 있을 것인데, 그들은 나머지 시간을 어떻게 보내는 걸까?

나는 살인자, 극우자의 '이면'을 궁리해볼 마음도 능력도 없지만, 그들이 밉다고 욕만 하고 넘어가기에는 어딘가 찝찝하다. 자신도 늙었다는 이유로 사회에서 '약자' 취급을 받으면서 왜 그다지도 약한 사람들을 미워하는 걸까?

언젠가, 한밤중에 스스로 생을 마감했다는 노인의 이야기를 들었다. 내막을 알 수 없으니 내 멋대로 생각해본다. 한낮의 극우가 한밤중에 극단을 선택하는 순간도 있을지 모른다고. 조 콕스가 인간의 외로움에 천착했던 이유도 짐작해본다. 외로움에도 좌우라는 정치적 지향이 있을까? 있다면, 정치 지향에 따라 어떤 외로움은 옳다고, 어떤 외로움은 그르다고 구분해야 하는 걸까? 이들이 느끼는 심리적, 사회적 고립은 다르지 않을 것 같은데 말이다.

좌우의 외로움을 정의할 순 없지만, 외로움은 성별, 나이, 장애, 사회적 신분, 가족 관계, 경제 상황, 사상이나 신념 등 개인적인 특성을 가려서 오는 건 아닐 것이다. 아마도 열거한 특성 중 하나 혹은 복합적인 요소가 '어떤 환경'과 만나면 그때의 '외로움'은 혼자서는 도저히 감당할 수 없는 돌덩이로 변해 한 사람을 짓누르기도 할 것이고, 그 돌에 깔리면 누군가는 죽기도 할 것이다.

이 사회는 소위 '문제'가 생겼을 때 '같은 환경'이라도 모든 사람이 '문제'를 일으키지 않는다는 점만을 강조하면서 환경이 아닌 개인의 '문제성'만 지목하기 바쁘다.

만약 그 '어떤 환경'이 한 번이 아니라 지속해서 반복된다면 어떨까? 문제를 일으키지 않는다고 여겨지던 사람들도 언젠가는 뜻하지 않게 '문제' 대열에 놓이게 된다면, 그때도 개인의 성품이나 도덕률에만 기댈 수 있을까?

영국의 외로움 해결방안은
우리에게도 유효할까?

조 콕스 고독위원회는 영국 정부에 다음과 같이 권고한다.

그간 외로움에 대한 국가의 리더십이 부재했음을 인정하고, 국가 주도로 외로움을 해결하기 위해 정부가 외로움 장관을 임명하고, 현재의 가족 테스트를 가족 및 관계 테스트(family and relationship test)로 넓힐 것. 또한, 관련 부처와 외부 전문가들과의 협력을 통해 전 연령층을 대상으로 외로움을 조사해 연간 보고서를 발표할 것.

정부는 위 제안을 받아들여 체육시민부 장관에게 외로움 담당 장관을 겸하도록 하고 외로움에 관한 정부 정책과 프로젝트 운영을 책임질 범정부 팀(loneliness cross-government team)을 신설한다.[6] 외로움은 체육시민부, 교통부, 정보통신부도 함께 다룬다. 외로움이 '외로움부'라는 특정 부서만이 아닌 전 부처가 정책으로 삼아야 한다는 의지를 반영한 것이다.

그 뒤 영국 정부는 "연결된 사회: 외로움 해결 전략"이라는 보고서를 발표한다.[7] 정부는 이 보고서에 외로움 문제 해결을 위해 '긴밀하고, 강하게, 연결된 사회'를 만들겠다는 비전을 담아내면서, 어떨 때 외로운지 증거를 수집하고, 어떻게 하면 외로움을 줄일 수 있는지 전략을 수립한다.

외로움이 부정적이고 문제가 있다는 낙인 효과를 배제하기 위해서 정부 차원의 인식 개선 캠페인도 필요하다고 언급했다. 그러면서 외로움 해결을 위한 전략을 제시했다. 이 중 주요 부분을 보자.

첫째, 기업과 고용주, 지방 당국과 보건 분야가 지역사회 활동과 자발적인 서비스를 연계해 외로움을 겪고 있는 환자들을 대상으로 다양한 사회 활동(무료 의료 서비스, 요리, 산책, 미

술 등)을 지원하는 사회적 처방(social prescribing)을 내린다. 둘째, 직장의 고용주는 직원이 직장에서 느끼는 외로움에 대처할 수 있도록 고용주 서약서(employer pledge)를 작성하고 직원 복지에 기여할 것을 약속한다. 또, 영국 국립우체국과 파트너십을 맺고 우편배달부가 소외된 지역의 혼자 사는 사람을 방문해 이들과 대화하면서 지원 여부를 점검하고, 필요하다고 판단되면 해당 지역사회에 연계한다.[8)9)]

위의 방안들을 한국 사회에도 적용해볼 수 있을까?

서울특별시, 제주도, 부산광역시, 대구광역시, 세종자치시, 그 외 지자체들은 장년층 1인 가구의 고독사를 예방하고 지원하는 조례를 제정했고, 제정할 계획이다. 각 지자체는 이혼, 실직, 휴업, 폐업, 질병에 따른 소득 상실로 가족이 해체되고 사회적으로 고립될 위험이 큰 장년층 1인 가구에 대해 실태조사와 예방 지원 사업을 펼치고 있다.

서울시는 2016년 전국 최초로 1인 가구 지원 기본 조례[10)]를 시행했고, 제주도는 장년층 1인 가구 고독사 예방 및 지원 조례를 근거로 50세 이상 65세 미만 장년층 1인 가구(1만 9,749가구) 실태를 조사해 고위험군(326), 저위험군(1,199) 가구로 나누어 지원한다.

고위험군은 장기간 부양 의무자가 없는 가구, 가족이나 친지와 단절된 가구, 장기 와병 질병, 중증 질환으로 외부 접촉을 기피하는 가구로 보고, 저위험군은 경증 질환으로 활동이 불편한 가구, 단전·단수 통보를 받은 지 3개월 이상인 가구로 나눠 보호한다.[11]

중년, 장년, 노년층에만 국한되던 1인 가구 관련 사업도 차츰 개선돼 최근에는 '청년 1인 가구 사회적 연결망을 위한 각종 사업'도 활발하다. 기초지자체별로는 더 진전된 안을 내놓기도 한다. '싱글한 삶, 벙글하게'(종로구), '2030세대 싱글끼리'(성북구), '낭랑한 1인 생활'(중랑구), '나도 혼자 산다'(동대문구), '1인 가구 탐구생활'(관악구), '꿈꾸는 싱글라이프'(광진구) 등 서울시 자치구에서는 20대와 30대 1인 가구 지원 프로그램을 운영하고 있다. 강남구는 최근 1인 가구 지원을 강화하기 위해 대규모 1인 가구 지원센터도 준비하는 중이다.[12] 이처럼 지역 커뮤니티에서 활동하고, 관련 서비스를 안정적으로 지원받도록 하는 일련의 활동은 한국에서도 이미 낯선 풍경은 아니다.

한국 회사도 영국처럼 직원이 직장에서 느끼는 외로움에 대처할 수 있도록 고용주 서약서를 작성하는 곳이 있는지는 모르겠다. 있다면 반가운 일이지만, 그보다 직원이 직장에서 외로움을 느낀다면 어떤 종류의 외로움을 언제, 어떤 상황에서 느끼는지를 먼저 파악해야 할 것이다.

여전히 너무 많은 노동자가 안전하지 않은 작업 환경에서 산재를 당하거나 사망할 뿐만 아니라, 직장인 10명 중 6명은 직장 내 괴롭힘을 경험한 적이 있다고 한다. 직장 생활 중에 동료들의 (은근한 혹은 직접적인) 따돌림과 괴롭힘으로 장기간 소외된 이가 느끼는 외로움과 우울증은 얼마나 심각할 것인가? 길어지면 생의 의지와 일할 의지를 완전히 상실해 삶이 위태로워질 수 있다. 오랜 세월 개인이 해결해야 할 문제로 치부될 뿐, 법으로 보호받지는 못했다.

이를 개선하고자 2019년 7월부터 직장 내 괴롭힘을 금지하는 내용을 담아 개정된 근로기준법이 시행됐다. '직장 내 괴롭힘 방지법'이라 불리는 이 법은, 사용자 또는 근로자가 직장에서의 지위나 관계 우위를 이용해 업무 범위를 넘어 근로자에게 신체적 혹은 정신적으로 고통을 주거나 근무환경을 악화시

켜선 안 된다는 내용을 골자로 한다.

　직장에서 비롯된 괴롭힘이 업무와 직장 생활 전반에 스트레스로 작동해 개인이 질병에 걸리면, 업무상 재해로 인정되는 개정된 산업재해보상보험법도 더불어 시행됐다. 다만 '직장 내 괴롭힘 방지법'은 사건이 일어났을 때 조사 과정과 행위자 처벌, 피해자에 대한 보호 조치를 사용자에게 맡겨놓았다는 게 자주 한계로 지적된다.

　국가는 일하는 사람들이 직장에서 인권침해를 당할 때 피해자를 구제할 책임이 있다. 국가가 인권경영을 권고하고 해당 기관13)이 그리하겠다는 선언문을 작성했다 하더라도 이를 제대로 시행하고 있는지는 알 길이 없다. 그러므로 영국의 명문화된 고용주 서약서도 인권경영 선언문과 적어도 취지에서는 같은 맥락이라고 생각한다.

　마지막으로, 우편배달부가 소외된 지역의 혼자 사는 사람을 방문해 지역사회에 연계하는 건 어떤가? 이제 집으로 날아오는 우편물은 고지서와 요금 청구서, 광고 전단이 주를 이룬다. 이마저도 온라인 메일과 문자 메시지로 받을 수 있으니, 직접 받아보는 우편물은 소포 등 택배물 정도인데, 우편배달부나 택배원이 가가호호 방문해 물건을 배달하는 방식도 수신인 입장에서는 불안하고 부담스러운 일이므로 지정된 장소에 물건을 두고 가면 나중에 찾아가는 식이다. 우편을 받는 이와 배달부가 마주칠 일도 별로 없고, 마주치기도 원치 않는다.

우편배달부가 혼자 사는 사람을 챙기기보다 오히려 우편배달부의 안전 문제가 더 시급한 실정이다. 2019년 한 해 동안 사망한 우편배달부는 12명.[14] 보도에 따르면, 오토바이 등으로 집마다 우편을 배달하는 집배원은 오랜 시간 격무에 시달리다 결국 과로사했다. 2008년부터 2017년까지 10년간 총 166명의 집배원이 사망했는데 주요 사망 원인으로는 암·뇌심혈관계 질환·교통사고·자살 등이 꼽혔다.[15]

온라인 우편이 증가한 탓에 배달물량이 많은 편은 아니라지만 관할 구역이 워낙 넓은 탓에 집배원 이동거리가 길어져 장시간 노동이 불가피하고, 1인 가구와 택배 사용량 증가 추세를 따라잡기도 역부족이라 한다. 게다가 2020년 봄, 코로나19 바이러스로 '사회적 거리 두기'를 전 국민이 실행하면서 이미 목도했다. 우리가 유지해야 하는 사회적 거리를 누가 좁혀주고 있는지. 우편배달부 혹은 택배기사가 1인 가구의 안부를 점검하기는커녕 배달 업무 과중으로 죽어 나가는 곳이 바로 한국이다.

일본은 가스검침원이 혼자 사는 사람의 집을 방문해 거주인의 이상 여부를 체크하고 기관에 보고한다는 기사를 본 적이 있다. 한국은 검침원이 가구를 방문해 가스를 검침하러 갔다가 거주인에게 성폭행을 당하거나 성폭행의 위협을 느꼈다는 보도가 끊이지 않는데, 정말 일본에서는 검침원이 안전할까? 의구심이 일었다. 이름만 대면 알만한 도시가스 회사 노조원들은 그동안 가스검침원이 가구를 방문해 점검할 때 거주자로부터 성적 수치심을 유발하는 이야기를 듣거나 신체 접촉을 당하는 등 각종 성폭력에 노출돼왔다고 밝혔다. 노조원들은 사측에 2인 1조 방식을 적용한 안전점검, 감정노동자 보호 매뉴얼을 마련하고, 성범죄자 특별관리 가구에 대한 정보를 공유하라고 요구했지만 이 가운데 일부만 받아들여졌다. 노조원들은 급기야 살기 위해(?) 고공농성을 벌였지만, 경찰은 이들을 연행했다.16) 여론이 악화하자, 사측은 위에 제시한 세 가지 안에 합의했지만, 고공농성 정도를 불사해야 노동자가 가장 기초적인 업무 안정성을 보장받는다는 점에서, 한국의 노동 현실은 분노와 슬픔을 동시에 안겨준다.

상황이 이렇다 보니 사람이 집마다 찾아가는 방식보다 차라리 잘 설계된 인공지능 시스템이 더 안전하겠다는 인식이 확산하는 것도 무리는 아니다. 이미 집에 혼자 있는 노약자나 환자의 24시간을 사물인터넷(IOT)이 지켜보면서 보호한다. 해킹에 취약하고 보안 위험 요소가 높아 '안전장치' 없이 연계하는 돌봄에는 한계가 있다는 우려의 목소리가 높고 당연히 사생활 침해, 정보 유출에 따른 악용 소지 가능성이 크지만, 문제점을 알면서도 정부와 업계가 상용화를 포기하지 못하는 이유는 자국민의 고독사와 무연사에 대한 고민이 깊기 때문이리라. 그러나 이 역시 긴 고민이 필요 없는 시대에 접어들었다. 감염병 시대라는 기차에 올라탄 우리는 이제 온라인 접속만으로 모든 것이 해결 가능한 지점으로 원치 않지만 밀려왔다.

이런 요소들을 모두 고려했다고 전제하자. 우리도 영국처럼 '외로움과의 전면전'을 선포하고 국가 차원에서 외로움을 다루어야 할까?

국가가
외로움을 다루고 싶다면

영국뿐만 아니다. 네덜란드도 2018년 초, 공공보건부에 외로운 사람들을 위한 외로움 방지 예산을 편성했다(2,600만 유로, 약 331억 원). 아일랜드도 역시 2018년 초, '외로움 태스크포스(TF)'가 출범했다. 전문가 집단으로 구성된 TF 활동이 끝나면 아일랜드 정부에 관련 정책을 마련하라는 제언이 이어질 것이다.[17]

2018년 4월, 한 리서치 기관[18]이 만 19세 이상 전국 1,000

명을 대상으로 이와 관련한 웹 조사를 했다. "영국처럼 외로움 문제를 국가적 문제로 인식하고 정부 차원에서 대응해야 할까?"라는 질문에 응답자의 40%는 한국도 영국처럼 정부 차원에서 대처해야 한다고 답했지만, 46%는 영국을 제외한 다른 나라들처럼 정부가 나설 일은 아니라고 답했다.[19] 반대가 조금 더 높게 나타났다.

"다음 상황에 처했을 때 누구에게 도움을 요청할 생각인가요?"라는 조사[20]도 있다. 질문에서 '다음 상황'은 외로울 때, 몸이 아플 때, 병원에 입원해야 할 때, 돈이 필요할 때, 이사 갈 때, 법적 소송이나 공적 갈등을 처리해야 할 때를 말한다. 질문의 '누구'는 ① 가족 및 친인척, ② 친구, ③ 직장동료, ④ 이웃, ⑤ 요청할 사람 없음, ⑥ 기타였다.

질문을 만든 이들에게만 국가가 부재했을지도 모르지만, 어쨌든 기타 항목까지 있어도 국가로 대변되는 동 주민 센터나 기관운영 복지센터는 답변 항목에 포함되지 않았다. 질문을 만든 이들은 국가의 도움을 받을 수 있다는 상정 자체를 하지 않은 걸까?

'다음 상황'과 '누구'와의 매칭 결과는 어떤가? 외로울 때

(82.98%), 몸이 아플 때(48%)는 친구에게 요청한다는 답이 가장 높았고, 병원에 입원해야 할 때(60%), 돈이 필요할 때(62%), 이사 갈 때(43%), 법적 소송이나 공적 갈등을 처리할 때(41%)는 가족과 친인척을 찾는다는 답이 높게 나타났다. 외로울 때나 몸이 아플 때는 친구를 찾지만, 병원에 입원해야 할 때는 제 아무리 의지하는 벗이라도 병원이 친구를 보호자로 인정해 주지 않으니 가족을 찾아야 한다. 한편, 돈이 필요할 때는 가족을 먼저 찾는다.

이 조사는 자신을 도울 사회적 네트워크로 누구를 염두에 두고 있는지를 보여주는데, 여기서 국가는 부재하다. 왜일까? 사람들은 국가가 개인을 돕지 못하거나 외로움을 다루지 못할 것이라 '의심'하는 게 아닐까? 외로움이라는 '감정'을 어떻게 측정하고 분류할지, 어떻게 통계를 내고 해결할지 도통 윤곽이 잡히지 않는다고. 그렇다면 이런 생각은 어디에 뿌리를 두고 있는 걸까?

국가 권력이 개입해야 할 현장에서 국가는 어떤 얼굴을 하고 있었나? 재난 사태 때마다 무능하거나 무개입으로 일관하고 관련 조사가 시작되면 국가가 연루된 부정부패의 민낯이 드러났다.

　힘이 약한 정부, 권력이 부패한 정부는 개인이 자신의 권리를 보호하기 위해 정부에 마음 놓고 의지할 수 없다는 점에서, 국민의 보편적인 신뢰에 파괴적인 영향을 끼친다.[21] 사회안전망이 미비한 사회에서 발달할 수밖에 없는 개인 감각은 누구도 믿을 수 없다는 불신이라서, '각자도생'이 당연한 귀결처럼 느껴진다.

　외로움과 신뢰의 관계는 개인과 국가 관계에서도 유효하다. "국민들의 대인 간 신뢰도가 높게 나타난 국가들에서는 일관되게 외로움 수치가 낮게 나오고, 대인 간 신뢰도가 낮게 나타난 국가들에서는 외로움 수치가 높게 나온다"[22]는 분석은 이 점에서 믿을 만하다.

　국가가 개인의 삶에 개입해 도움을 받았다는 긍정의 경험보다 간섭하고, 심지어 침해해왔다는 부정적인 인식이 국가가 개인의 외로움을 다루는 것에 반대한다는 의견을 거들었을지도 모른다. 일례로, 먼 과거의 일 같아도 '국정', '사법'과 결합하는 '농단'의 의미를 새롭게 일깨운 게 몇 해 전이다. 단적인 예로, 정부를 비판하는 사회 각 분야의 특정인들을 배제하기 위해 이른바 '블랙리스트'를 작성한 것도 정부를 대표하는 고위 관료들이 아니었던가?

국가가 개인의 외로움을 해결한다는 게 선뜻 믿기지 않고, 그런 위원회를 만든다 한들 어쩐지 잘 해낼 것 같지도 않은 것이다. 그럼에도 국가가 외로움을 다루고 싶다면, 외로움의 개념부터 정립해야 하지 않을까?

영국이 '연결된 사회'에서만 사회적 외로움이 해결될 수 있다고 보았던 것처럼, 나는 사회적 외로움은 가족, 친구, 이웃을 포함한 대내, 외 사회적 관계망에서 활동하는 개인이 존엄성을 침해당하는 모든 순간에 깃든다고 생각한다.

다행히 이런 관점으로 외로움에 접근하는 시도들이 '작은 정부'라 불리는 지자체에서 일어나고 있다. 지자체 중에서는 선도적으로 부산시가 '부산시민 외로움 치유와 행복증진을 위한 조례'를 제정했다(2018). 이 조례는 외로움을 물리적으로 단절되거나 자신의 의사와 상관없이 사회적 관계 속에서 느끼는 고독한 감정 또는 이로 인한 고통이라고 정의하고, 외로움을 해소하기 위해 외로움을 치유할 전문가를 양성하고 외로움 치유센터를 만들어 외로운 이들을 돕겠다는 취지를 담고 있다.

조례 취지의 '사회적 관계 속에서 느끼는'이라는 문구에 주목해본다. 인간의 존엄성이 침해당할 때는 필시 공고히 형성된 차별적인 제도와 편견으로 침해당할 텐데, 혼자 맞서려 하면 외로운 투사가 될 수밖에 없다. 이를테면 실업이나 빠져나올 길 없는 저임금의 불안정한 일자리에 고통당하는 사회경제적 약자는 사람과 자원으로부터 고립되고 단절됐다는 막막함을 느낄 것이다. 이 막막함은 혼자 견디기에는 고통스럽지만, 연대를 추구하는 사회적 관계(망) 안에서 함께 느끼고 토로하면 그럭저럭 견딜 만해진다.

한편, 1인 가구 정책은 여전히 노인에게 집중되는 양상이다. 외로움은 성별, 연령, 계층, 소득 수준과 무관하지만 외롭고, 아프고, 위험에 취약하고, 홀로 죽을 걱정에 시달린다는 수식은 젊은이보다는 노인에 가깝다 여겨서일 것이다. 그렇다면 늘어날 '젊은 고독사'는 어찌할 것인가?

2020년 초, 수도권 인구는 50%를 넘어섰다. 서너 가구 중 1가구가 1인 가구이고, 대도시의 특성상 1인 가구 중에서도 청년이 가장 많이 집결된 곳이 서울이다. 서울시가 1인 가구

당사자 3,000명을 대상으로 한 실태조사를 보면, 1인 가구는 '혼삶'에 대해 자유로운 생활과 의사결정(39%), 여가시간 활용(33%)의 측면에서는 만족스럽지만, 경제적 불안(31%), 몸이 아프거나 위급할 때(24%), 외로움(22%) 등을 힘들어하는 것으로 보인다.[23]

서울시는 1인 가구 삶의 다양성을 존중하고 외로움, 관계단절 등으로 고립되지 않도록 성별·연령별·지역별 특성을 반영해 체계적 지원을 확대할 계획이라고 밝혔다.[24]

지자체별로 외로움에 대응하는 다양한 지원체계를 갖추려고 노력하고 있는 점은 고무적이다. 1인 가구 정체성을 이해하는 정책 마련이 충분진 않아도 시작은 될 수 있는 이유다.

2장
혼자 하는 궁리

혼자와 둘 사이에서
여전히 흔들리지만

가족이 잘게 쪼개지면서 모든 개인이 소비의 주체가 됐고, 상품의 영역도 더 잘게 분화되어 소비자를 유혹한다. 다인 가구에 필요한 모든 것은 1인 가구에도 필요하므로 의식주, 육아, 교육, 건강, 외모, 휴식, 오락, 지식과 세계관의 전수 같은 교육 분야의 재생산 영역이 상품화되고 있다.[25] 시장은 진즉에 혼자 사는 '나'라는 새로운 소비재를 발견한 것이다.

서점에 나가보면 '혼삶'에 관한 책이 즐비하다. 그중에 단연

돋보이는 건, 재테크 서적. 처음 시작하는 혼자가 알아두어야 할 경제생활 노하우, 생활비 절약이 곧 재테크, 꼭 챙겨야 할 금융 투자 보험 상품, 등이 제목 그대로 본문에 담겨 있다. 이대로만 따라 하면 부자는 못 돼도 누수 없는 삶은 이어갈 수 있을 것 같다.

홀로 생활을 잘 꾸려나가기 위해 익혀야 할 기술로서의 살림법도 한 분야를 이룬다. 자취와 독립생활에 필요한 음식, 청소, 정리정돈, 인테리어 비법 등을 Q&A로 풀어 상세히 소개하는데, 인기 높은 분야는 단연 인테리어 관련 서적이다. 좁아도 잘 사는 법을 포함한 공간 활용법, 더 넓어 보이는 공간 개조법, 최소한만 소유한 채 사는 미니멀리즘에 입각한 공간 무개조 비법까지 다채롭다.

SNS를 들여다보면 적게는 10만 명에서 많게는 50만 명의 구독자를 거느린 인테리어 페이지가 넘쳐난다. '소확행'을 컨셉으로 20~30대를 노리는 온라인 시장이 호황을 누린다.

'좁은 평수 인테리어 비법'을 알려주는 앱은 좁은 공간을 더 넓고, 더 '있어 보이게' 만드는 연출법을 쏟아내고, 유저들은 좁은 공간을 쪼개고 쪼개 이케아 디자인을 본뜬 다이소 물건으로 공간을 채운다. 반지하라서 어둡고 침침한 방이라면 북유럽 조명 하나로 집안을 성당이나 불당으로 만들 수 있고, 조금 여유가 있다면 화이트 벽면에 소형 빔 슬라이드를 쏴서 작은 영화관을 만들 수도 있다. 여기에 반려견이 등장한다면 누가 이곳을 '지옥고(반지하, 옥탑방, 고시원의 줄임말)'라 할까? 화면 속에 보이는 방은 안락한 낙원 같아서 "이게 3평이라고요?" 같은 찬사가 즐비하다.

　정도를 가늠해보려고 나도 집 꾸미기 앱에 가입해보았다. 이곳에서는 욕실이나 침대 같은 집안의 어느 한 공간 혹은 집안 전체를 이용자들에게 공개(초대)하는 '온라인 집들이'가 매일 이루어진다. 집들이는 다름 아닌 소개한 물건을 저렴하게 구매해 집안을 반짝이게 꾸며놓고 사진을 찍어 올리는 방식인데, 구독자들이 찾아와 의견을 달고 페이지를 퍼 나른다(어멋! 이건 사야 해!). 온라인의 이런 흐름을 담아내는 기획 도서들도 눈에 띈다. 이 밖에도 초보 세입자가 알아두어야 할 세입자 권리를 모아 놓은 실용서는 당장 이사를 앞둔 이들에게 '꿀팁'을 제공한다.

　열거한 책들이 1인 가구가 생활을 잘 꾸려나가기 위한 실용적인 면에 방점을 두고 있다면, 혼자 살며 느끼는 외로움이나 두려움의 정서를 감각적으로 다루는 분야는 따로 있다.

혼자 자고, 혼자 먹고, 혼자 일하고, 혼자 여행하고, 혼자 공부하는 사람들에게 혼자라도 괜찮고, 혼자여서 더 괜찮다고 다독이는 책들은 혼자들에게 안도와 위로를 준다.

그러나 혼삶에 빛만 있는 것은 아닐 것이다. 비로소 혼자인 자신을 '발견'하고 독립한 것까진 좋았지만, 혼자라서 겪어야 하는 불안과 불편이 그림자처럼 따라다닌다. 함께보다 혼자가 낫다고 애써 자위해온 사람들은 더는 견디기 힘들어질 때, 다른 사람들은 어찌 사나 두리번거리기 시작한다. 그러자 다시 '둘', 여럿인 '공동체'를 말하는 책들이 출간되기 시작했다. 심지어 둘이 살기 시작하면서 안전과 안정을 동시에 잡았다고 하니 솔깃하기까지 하다.

40대 싱글 여성 둘이 한집에 사는 이야기를 담은 『여자 둘이 살고 있습니다』(김하나, 황선우/위즈덤하우스)는 출간 10일 만에 5쇄를 돌파하는 기염을 토했다.

이 책은 이들의 삶의 방식을 혼자도 가족도 아닌, 이른바 '조립식 가족의 탄생'이라고 이름 붙이고, 이를 W2C4(여자 둘

고양이 네 마리)라는 분자식으로 표현해 유쾌함을 드러냈다. 재치 있고 따뜻한 조합이다. 혼자도 웬만큼 살아본 여자 사람 '둘'과 고양이 '네' 마리가 한 공간에 평화롭게 공존하는 삶. 이 책은 특히 20~40대 여자들의 열광적인 지지를 얻었다.

남자가 돈 벌어오고 여자가 살림하던 시대가 좋았다던 타령이 지금도 어디선가 심심찮게 들려오지만, 어디까지나 기억 속의 멜로디일 뿐이고, 여성이 경제적으로 독립하면서 결혼관과 미래상도 바뀐 지 오래다. 의식구조가 빠르게 변화하지만 비싼 주거비와 신변 안전에 대한 책임을 오롯이 혼자서 감당해야 하는 상황에서 '혼자'를 지켜내기란 독립운동에 다를 바 없다. 『여자 둘이 살고 있습니다』의 두 저자는, 좀체 바뀌지 않는 혼자들의 물리적 현실과 조변석개하는 불안한 심리상태를 자신들도 이미 경험했으므로 누구보다 당신이라는 '혼자'를 잘 알고 있다고 공감해준다.

더불어 이 책은 이성도 좋지만 더 정교한 '깨알' 감정을 나눌 수 있는 동성 친구가 좋은 이들의 감성도 자극한다. 전문직에 종사하는 두 여성이 '핫한' 동네에 살림집을 카페인 듯 꾸며놓고 사는데, 그걸 책으로 써서 '대박'까지 냈으니 인기 예능 프로그램인 〈나 혼자 산다〉의 책 버전이라고 부러워하는 독자도 있다.

여자 둘이 사는 이야기는 사실 아주 새로운 건 아니다. 둘러보면 내 주변에도 십수 년씩 결혼하지 않고도 저들과 비슷한 '케미'로 사는 커플이 제법 있다. 장애가 있는 친구 커플, 레즈비언 커플, 서로 다른 나라에서 한국에 일하러 와 함께 사는 이주민 커플까지. 사실 제도권 결혼이나 '혈연'에 묶이지 않으면서도 가족을 이루고 사는 '둘'은 생각보다 많을 것이다. 어쩌면 이들은 전문직이 아니고 감각적으로 글을 쓸 재주 혹은 기회가 없었기에 알려지지 않았을 뿐이다. 물론 출간의 기회가 주어진다 해도 '장애 있는, 두 남자가 살고 있습니다' 식의, 조금은 궁상맞아 보이는 삶이 대중의 관심을 끌지도 미지수다.

가족 관계가 아닌 두 사람이 함께 살아가는 모습을 담은 도서들의 인기 비결은 혼삶의 장점은 누리되 외로운 건 싫은 혼자들이 점점 늘어가고 있다는 반증 정도로 읽어야 할 것이다. 혼자 있을 수 있는 조건이라면 당연히 혼자 있겠고, 조건이 갖추어졌어도 혼자가 싫어지면 다시 둘이 될 수도 있겠고, 그러다 또 싫어지면 다시 혼자로 돌아갈 수도 있는 삶. 중요한 것은 주체가 어떤 방식으로 삶을 '갈아타든' 행복을 추구할 혼자의 권리가 침해돼서는 안 된다는 것이다. 좋은 사회는 이와 같은 조건을 만들기 위해 부단히 애쓰는 사회고, 한 사회가 존재하는 이유는 어쩌면 이게 전부인지도 모른다.

'욜로', '무민'
세대라지만

효진 씨가 인터뷰 내내 가장 빈번하게 쓴 단어는 '책임감'이다. 자신의 몸으로 움직인, 딱 그만큼만 불행을 비껴갈 수 있다고 생각하는 그는, 좀처럼 요행을 바라지 않는 사람이다. 친구들보다 (현재까지는) 안정적인 경제기반을 갖추었지만, 그는 여전히 언제든 사회 밑바닥으로 추락할 수 있다고 느낀다.

"제가 〈나 혼자 산다〉에 출연하는 연예인은 아니니까요. 언제든 일자리를 잃고 경제적 기반이 사라져 노숙자에 가까운 상황이 될 수 있다고 생각해요. 저는 커밍아웃보다 경제적으로 가난해지는 게 더 두려워요. 성 소수자는 아닌 척할 수 있지만, 홈리스는 가난하지 않은 척할 수 없잖아요. 차라리 '패싱'이 낫지 가난은 더 견딜 수 없을 거 같아요."

커밍아웃 후폭풍보다 가난을 더 두려워하고, 결혼보다 결혼 후 경제적 궁핍을 더 걱정하는 20~30대의 삶. 1인 가구는 지금 어느 정도로 가난한가?

2016년 기준, 1인 가구의 상대적 빈곤율(가처분소득 기준)은 45.7%로 나타났다.[26] 이는 다인 가구의 상대적 빈곤율(13.8%)의 3배가 넘는 수치다. 상대적 빈곤율이란 전체 가구를 소득 크기에 따라 한 줄로 세웠을 때 한가운데 자리하는(중위소득) 소득의 절반 이하를 버는 가구의 비중을 뜻한다. 이 수치가 높을수록 가난하다.

한국은 미국과 함께 소득 상위 10%가 전체 소득의 절반을 가져갈 정도로 소득 불평등이 심하므로 유럽의 복지 국가들보다 중위소득의 크기가 작다. 한국의 상대빈곤 인구는 실제로

는 절대빈곤에 가까울 만큼 가난하다는 의미다.[27]

　열망도 손을 뻗으면 닿을 수 있는 정도의 거리에 있어야 끓어오른다고, 20대 초반 선화 씨는 말했다. 그녀는 가족이 있지만 비비고 기댈 언덕 같은, 형편 좋은 가족은 없다. 아버지는 아파트 경비원이고 어머니는 보험회사에서 일한다. 남동생은 군대를 제대하면 오랫동안 해온 아르바이트 경력을 살려 아마도 자영업에 뛰어들 것이다.

　선화 씨 가족은 근근이 먹고 살아갈 정도로 각자의 생활비를 벌고 있어서 누가 누굴 돕지 못한다. 각자 살아갈 뿐이다. 선화 씨는 매일 스스로 3교대(오전 청소, 오후 피자집, 밤 호프집)를 하며 돈을 번다. 부모는 가끔 반찬을 가지러 집에 오는 딸을 안쓰럽게 여기지만 일을 그만두라고 말하지 못하는데, 고맙게도 딸이 그렇게 제 한 입을 덜고 있기 때문이다. 선화 씨 부모는 자주 말한다. 우리를 도와달라는 소리는 안 할 테니 손만 벌리지 말라고. 선화 씨는 이 말이 서운하지도, 아프지도 않다. 그냥 이게, 자신이 처음 태어났을 때부터 지금까지 더 나빠지지 않은 '우리 집 형편'이라고 말했다.

　어릴 적 선화 씨의 '장래희망'은 그저 평범한 직장을 얻어

때 되면 결혼하고 별 탈 없이 사는 거였다. 누군가는 20대가 중년 같은 소리를 하느냐고 할지 몰라도 선화 씨는 오래전에 알았다. 평범하게 사는 게 가장 평범하지 않다는 걸. 그 평범한 삶이 도무지 손에 잡힐 것 같지 않으니 그는 무력감마저 느낀다. 아무리 애를 써도 자신의 노력으로는 원하는 삶에 도달할 수 없다는 냉혹한 현실을 마주할 때 사람은 무엇을 하고, 어떻게 살려고 하는가?

'인생은 한 번뿐'이니 원하는 인생을 살라는 의미의 '욜로'라는 말은, 서구에서는 오늘만 살고 말 것처럼 대책 없이 구는 사람을 비하할 때 쓰지만, 우리나라에서는 원하는 모든 것을 지금 당장 즐기라는 권고처럼 쓰인다. 쓸모없는 데서 즐거움을 찾는다는 '무민(無mean)'은 '기준과 의미를 따져 가꾸는 일에 아무런 뜻이 없음'을 말하지 않던가.

청년 세대의 다수는 미래, 희망, 꿈, 사랑, 영원은 신기루임을 알아, 그걸 쫓느라 '하마터면 열심히 살 뻔'하지 않고, '죽고 싶어도 떡볶이는 먹고 싶은' 순간을 즐긴다. 의미로 충만하던 거대 서사와 '개저씨'들의 시대는 흘러갔다. 아웅다웅 살아봐야 어차피 '인싸' 되기도 글렀다.

죽기 살기로 취업에 성공했고 현재 고수익자라서 미래 기대수익이 높다면 잠시 유예되기야 하겠지만, 언제든 금 밖으로 밀려날 수 있다는 불안까지 앗아가지 못한다. 지금 적지 않은 청년을 지배하는 정서는 아무리 노력해도 윗세대처럼 살 수 없을 거라는 두려움이다.

　집과 차를 마련하고 결혼해서 자손을 만드는 삶이 소위 '정상의 삶'이라면, 그토록 좋은 걸 누릴 일부는 이미 특권층 자녀들로 정해졌고 자신들은 절대로 그 원 안에 들어가지 못하리라는 예감. 슬픈 예감은 틀린 적이 없으므로 이 사회의 '욜로'는 지금 당장 대책을 세울 수도, 미래를 대비할 수도 없는 불안하고 불평등한 조건이 만들어 낸 '웃픈' 말일 뿐이다.

　이런 '욜로'에게 비싸 봐야 5,000원이 넘지 않는, 세상의 모든 물건이 다 있을 것 같은 다이소는 양가감정을 불러오는 복잡한 공간이다. 다이소는 때로 '네가 받는 그 정도의 월급으로, 이 정도의 소비를 마음껏 하며 살 수 있다'는 안심을 유포하는 공간이다. 분명 한국의 노동자보다 저임금을 받고 만들었을 메이드 인 베트남, 메이드 인 인도네시아 물건들을 집안에 가득 채우고, 편의점의 삼각 김밥을 먹으며 만족하는 삶은 자족

적일 수 있지만, 그것이 스스로 원한 자족이냐고 묻는다면 그렇다고 답할 이가 얼마나 될까?

"다 그런 건 아니지만 대체로 (질이) 안 좋아요. 하지만 그 이상을 찾으려면 생활비로 감당할 수 없으니까 어쩔 수 없이 거기서 사야 해요. 사실, 사고 싶지 않아요. 거의 모든 물건을 '싼 맛'에 쓴다는 게 싫어요."

대학원까지 공부해온 전공을 바꿔 이제는 변호사 시험을 준비 중인 20대 후반 치형 씨는 그래서 인터넷에 떠도는 자취 팁이나 생활비 팁을 찾아보지 않는다. 절약 스트레스에 시달리기 싫고, 그렇게 익힌 노하우를 점점 잘 쓰게 돼 그 삶에 고착될까 봐 싫다. 무엇보다 그 스트레스가 공부에 영향을 미치는 게 싫다. 정말 사고 싶은 건 비싸도 그냥 사버리고 빈털터리가 되면 며칠이라도 쫄쫄 굶는다. 이것이 그 나름의 '욜로 소비'인 셈이다.

혼자는 자주
'홀로사(死)'를 염려한다

　어느 날 오후, 누군가 치형 씨 집 문을 두드렸다. 그는 치형 씨에게 밥은 잘 먹고 있냐, 연락하는 사람은 있냐고 물었다. 치형 씨를 방문한 이는 구청 직원이었다. 치형 씨는 1인 가구 고독사 방지 차원에서 방문 조사를 벌인다는 기사를 본 것 같은데, 그런 조사는 노인들이나 받는 줄 알았지 젊은 자신도 해당하는지 몰랐다고 한다. 그것이 신기하기도 하고 고맙기도 해서 구청 직원에게 "저에게까지 와주셔서 고맙습니다"라고 인사했다. 그러자 구청 직원은 젊은 사람들은 걱정할 필요 없는데 이런 걸 시킨다며 투덜거렸다. 그 말끝에 두 사람은 어색하게 웃었지만, 치형 씨는 그가 떠난 후 처음으로 국가의 존재를 느꼈다고 한다.

치형 씨는 이와 관련해 자신이 경험한 일을 이야기해주었다. 평소 SNS 활동을 활발히 하던 한 선배가 한동안 카톡에도, 트위터에도 보이지 않더니 전화 통화도 되지 않았다. 선후배들이 걱정 끝에 자취방 문을 따달라고 주인을 찾아갔지만, 주인은 세입자의 프라이버시가 있는데 안 될 말이라고 거절했다. 말이야 맞는 말이지만 선배에게 연락할 다른 방도가 없었기에 치형 씨는 점점 더 불안해졌다. 다행히 다음 날 선배의 SNS에 새 글이 떴다. '아무것도 하지 않고 며칠간 집에 누워만 있었다'는 짧은 메시지가 전부였지만 치형 씨는 비로소 걱정에서 놓여났다. 그리고 이내 생각에 잠겼다. '고독사가 멀리 있지 않구나. 누구라도 겪을 수 있겠구나.'

"혼자 집에서 비누 밟고 뇌출혈, 일주일 뒤 발견됐으나 급사 추정." 혼자 사는 이라면 이런 헤드라인의 주인공이 자신이 되지 않으리란 법이 없나?

요컨대, 혼자 사는 사람은 끄지 않고 나온 보일러를 걱정하는 차원을 넘어 갑작스러운 발병, 급사, 고독사, 무연사를 걱정한다. 그래서일까? 가족과 함께 사는 사람보다 혼자 사는 사람이 죽음에 대한 설계를 훨씬 자주, 더 구체적으로 한다. 내가 만난 혼자들은 "내가 죽으면 이 사람에게 연락이 갔으면 좋겠다", "내 재산의 절반은 특정인 누구에게 주고 절반은 사회에 환원하겠다", "내가 죽으면 여기에 적힌 사람에게 부고 문자를 보내 달라" 같은 바람들을 저마다 마음속에 품고 있었다. 사회는 여전히 죽음을 터부시하지만, 혼자 사는 이들이 구체적으로 죽음 이후를 생각하는 이유는, 잘 사는 것만큼 잘 죽는 것도 중요하다고 생각하기 때문이다.

〈누구나 제명에 죽고 싶다〉라는 영화가 있다. 제목만 보면 지극히 마땅한 바람이지만 제명에 죽는다는 게 어디 쉬운가.

사람이 떠나가고 떠나보내는 마지막 풍경은 천편일률적이다. 그 과정은 거의 모두 병원 장례식장에서 이루어진다. 지인의 죽음을 대하는 우리의 자세는 조의금 봉투를 마련하는 것이다. 조의금 상자 안에 봉투를 넣고 상주에게 두 번 절한 후

일회용 그릇에 담긴 육개장을 조용히 먹고 장례식장을 나오면, 산 자의 일상 속에서 사자(死者)는 자연스럽게 사라진다. 목숨이 다하는 순간 곁에 가족이 있느냐, 간병인이 있느냐, 아무도 없느냐 차이만 있을 뿐이다.

내 지인의 아버지는 오랜 기간 병원에서 암 투병을 해왔다. 의사가 지인에게 이제 아버님을 보내드릴 마음의 준비를 하라고 당부했을 때, 그는 아버지가 마지막으로 보는 얼굴이 간병인이어도 좋을까 고민했고 다소 긴 휴가를 내 자신이 직접 병실을 지켰다.

그러나 한 사람의 끝을 닫아주는 사람이 식구라는 건 운 좋은 사람의 이야기라고 동호 씨는 말한다.

"천천히 죽을 준비를 해야 하는데 아무래도 혼자 죽긴 싫어요. 삶과 죽음과 우주의 의미를 깨우칠 도인이 될 가능성은 없으니 저는 스스로 생을 접는 안락사도 싫어요. 부모님 임종을 곁에서 지켜보면서 내가 보낼 생의 마지막 풍경을 상상해봤어요. 내가 사랑한, 내 인생에서 가장 중요한 사람들이 내 마지막을 지켜봐 주면 좋겠어요. 그들이 나에게 감사했고 사랑했다고 말해줘서 내 삶이 헛된 것이 아니었음을 증명받는 것, 나는 그게 최고의 죽음이란 생각이 들어요. 하지만 여전히 혼자니까 도를 잘 깨우쳐서 더 늦기 전에 스위스에 가야 할 텐데…….(웃음)"

'자연인'
판별 기준

지역으로 발령 난 뒤 나는 이전보다 자주 부모님이 계신 시골집에 찾아간다. 식구끼리 앉아 밥을 먹고 치운 후에는 딱히 할 일이 없다. 자식들 호주머니 속 푼돈을 노리는 어머니는 화투를 치자고 우리를 꾀고, 아버지는 소파에서 꾸벅 존다. 아버지는 우리 놀이에 낀 적이 없다.

어느 날 조카가 리모컨을 쥐었다. 채널이 넘어가는데 〈나는 자연인이다〉가 잠시 비쳤다. 아버지는 반사적으로 리모컨을 낚아채더니 서서히 화면에 빠져들었다. 나는 화투를 치면서 아버지를 힐끗 보았다. 곧 여든에 접어드는 아버지는 보기 드문 총기로 브라운관에 시선을 고정하고 있었다. '자연인'이 50~60대 남성들의 절대적인 지지를 얻고 있다는 소리는 들었지만 내 아버지 세대에게도 예외가 없는 모양이다.

이 프로그램은 도시에 사는 50대 남성들에게는 가히 판타지물인데, 어쩌다 여성 자연인이 출연하면 그 희귀함에 시청률이 크게 상승한다고 한다. 한 번도 안 본 사람은 있어도 한 번만 본 사람은 없다는 인기 TV 프로그램 〈나는 자연인이다〉. '초 약'은 물 건너갔고, '풍 약'이라도 해볼 요량으로 풍 껍질을 던지면서 나는 아버지에게 무심한 듯 물었다. "뭐가 그렇게 재밌어요?"

사업에 실패한 이가 있고, 불치병에 걸린 이가 있다. 세상이 싫어 더 깊이 들어간 이가 있고, 가정이 깨져 도망친 이도 있다. 어떤 원인에서 비롯됐든 저들은 자연을 벗 삼아 음풍농월을 즐기면서 멋지게, 혼자 살아간다. 이 시대 가부장은 억울하고 고단한데, 저들의 자연 속 '혼삶'은 그 보상에 가깝다. 세상에서 상처받고 포효하던 야수들이 자연으로 들어가 본성을 회복하고 누가 뭐라 하든 본성에 가까운 삶을 산다. 그게 보는 이를 전율케 한다.

아버지의 거듭되는 감상평에는 어느새 울분이 담겼다. "주인 마음에 들고 싶은 애완견이 개가 아닌 듯 굴어도 개는 개"라는 것이다. 도시에 사는 억울하고 고단한 가부장을 애완견에 빗댄 아버지의 해석은 적절한가? 갸우뚱하는 사이 프로그램이 끝났다. 아버지는 낚싯대 몇 자루를 챙겨 동네 저수지로 향했다. 아버지는 당신 안의 야수를 만나러 가는가? 그때 엄마의 일침.

"자연인이믄 잡은 놈으로 뭐라도 만들어 먹고 와야헌디, 아니여, 배고프면 얼른 들어와분당께."

강에서 물고기를 잡아 음식을 만드는 게 도시에서 가당키나 한가? 도시 거주 직장인이라면 아무리 낚시를 좋아해도 기껏해야 실내 낚시터에서 경험하는 '손맛'이 전부다.

내 주변 이들에 국한해 말하자면, 50대쯤 되면 발톱을 세워 더 많이 쟁취하려는 노획에의 의지도, 더 높은 곳으로 오르려는 영전에의 열망도 시들해지는 것 같다. 완전히 꺾였다고는 할 수 없어도 충만하다고 보기도 어렵다. 다만 '내리막길이 안전한가'를 염려하는 정도랄까?

그런데 세상을 등지기로 마음먹고 자연으로 들어간 자연인은 화면 밖 중년이 여전히 붙들고 있는 생활고를 가뭇없이 놔 버렸거나, 놓은 듯 보인다. 자연인은 '자유인'이고, 혼자 살아가며 겪는 외로움이나 불편함은 스스로 불러들인 '고독'에 가깝다(고 내 아버지 말씀하신다). 그들은 기품 있고 용맹한 독수리와 같아서 무리 지어 여기저기 이동하는 철새와는 격이 다르단다. 여기까지는 감상이라 치고 현실은 어떠한가?

홀로 사는 남성 4명 중 1명이 청년이나 노년이 아닌 중년이다.[28] 중년의 삶에 관한 연구를 보면 중년층 남성 1인 가구는 다인 가구에 비해 사회·경제적으로 취약하고 사회적 관계, 주관적 행복감이 모두 낮은 것으로 나타났다. 하지만 소득, 교육, 계층, 직업, 주거 요인이 동일하다고 가정할 때, 남성 1인 가구가 오히려 주관적 행복감은 높은 것으로 나타난다. 혼자라서 부양 스트레스에서 벗어나 있는 남성 1인 가구는 상대적으로 자유로운 삶을 추구할 수 있는 '서식처'(조건)가 마련된 셈이다.

이는 소득과 사회적 관계가 확보됐다는 전제하에서만 가능한 행복이다. 소득 대비 삶의 여유와 양질의 관계, 이 두 조건을 어느 세대가 비껴갈 수 있을까만, 중년 이후 남성이 더 큰 영향을 받으리라고 보는 이유는 중년 남성은 외부 자극에 대한 '수용성'이 다른 세대에 비해 더 낮기 때문이다. 노인이 되기 전에 '젊은 고독사'가 될 위험이 크다는 뜻이다.

2010년 일본 국영 방송사인 NHK는 일본 사회에 '무연사'가 어느 정도 발생하고 있고, 왜 이런 일이 일어나는지를 밀착 취재한 다큐멘터리를 제작했다. 일본 사회는 1970년부터 고독사라는 용어를 쓰기 시작했지만 혼자 살다 혼자 죽는, 무연고 사망자가 전국적으로 무려 3만 2,000여 명에 이른다는 사실이 이 방송을 통해 알려지면서 파장이 컸다. 이후 무연사회의 대안을 더 본격적으로 고민해온 일본은 주거, 생활 지원, 의료, 복지를 통합적으로 지원하는 지역 포괄케어시스템을 구축하는 데 주력하고 있다. '케어'에는 홀로 사는 노인들의 복합적인 '외로움'에 체계적으로 대응하기 위한 전략도 포함된다.

지난해 봄, 내가 사는 동네 구청 정신건강증진센터의 사회복지사를 만났다. 그는 구청이 구민의 정신건강을 위해 펼치는 사업에 관해 들려주었다. 경제적으로 궁핍하거나 안전이 우려되는 '취약, 1인, 독거' 중장년층을 방문해보면, 종종 자신은 아무 문제가 없다며 아예 문을 열어주지 않거나 다시 오면 혼내주겠다고 으름장을 놓기도 한단다. 이쯤 되면 정말 '정신건강'이 걱정돼 정신과 진료를 받아보길 권하지만, 문을 굳게 걸어 잠그고 없는 척한다고.

앞에서 말했다시피 남성 1인 가구의 고독사는 독거와 노인이라는 키워드에 맞춰져 있기에 40~50대는 복지와 행정에서 사각지대에 놓일 우려가 크다.

서울시에서 낸 "고독사 실태파악 및 지원방안 연구" 보고서(2016)[29]를 보면, 전체 고독사 사례 중 45~64세의 중·장년 비율이 62%로 가장 높았다. 이 중 50대는 35.8%였다. 고독사만 놓고 보면 50대 남성 1인 가구가 가장 취약하다. 이들은 직장에서 은퇴하기 시작하고 배우자와의 불화로 이혼하거나 가족과 헤어지면 사회적 지지를 받지 못하는 계층인데, 여기에 질병까지 더해지면 더욱 큰 위험에 맞닥뜨리는 것으로 분석됐다. 이 점을 우려한 지자체들이 방문 서비스로 이들을 도우려 한다.

고독사는 통상 사회적 자원으로부터 단절된 채 홀로 살다가 죽음에 이르는 경우를 말한다. 우리나라는 사망 후 3일, 일본은 7일 이후까지 발견되지 않았을 때 고독사로 본다.

고독사 예방 대책은 지자체별로 활발하게 진행되고 있는데, 그중 눈길을 끄는 건 2018년부터 시작된 서울, 광주, 대구 등 지자체별로 40~60대 중년 독거남에게 반찬을 제공하는 사업이었다. '사랑의 반찬', '이웃 돌봄! 사랑의 반찬 나눔 사업'이라는 이름의 이 지원[30]을 두고 논란이 일었다고 한다. 거동이 불편하지 않은 중년 남성에게 국가에서 반찬을 만들어주는 게 말이 되냐는 것이다. 독거 중년 여성에게 반찬을 지원해주는 지자체는 어디서도 찾아볼 수 없다.

이 사업을 소개한 기사에 따르면, 이 사업을 시행한 해당 지자체는 여성들은 사회 참여가 상대적으로 높고, 요리를 할 줄 알아 영양결핍이 덜하다고 설명했다. 물론 '그럴 수' 있다. 2018년 통계청이 발표한 자료를 보니 낙심하거나 우울해서 이야기 상대가 필요한 경우, 남에게 도움을 받을 수 있다고 응답한 비율이 남성(81%)보다 여성(86%)이 더 높게 나타났으니까. 하지만 아주 근소한 차다.[31] 독거노인 고독사가 여자 빼고 남자에게만 찾아올 리 있겠는가?

이 서비스의 논란은 '반찬으로 남녀를 차별하고 있다'가 아니다. 지자체는 아마도 이 서비스를 '밑 빠진 독에 물 붓기' 격으로 재원이 허락될 때까지만 시행할 가능성이 크다. 다시 논란이 일면 다른 사업으로 대체할 가능성이 큰, 전시성 사업에 가까워 보인다. 무엇보다 물고기 낚는 법을 가르쳐주는 것이 아닌 물고기 반찬을 요리해 주는 미봉책 같다. 언제까지 남이 해주는 반찬으로 연명할 수 있겠는가? 혼자 사는 사람의 영양 결핍이 우려된다면 지금까지 해보지 않은 가사 일을 이제부터라도 어떻게 스스로 할 것인지를 가르쳐주는 프로그램이 더 적절하지 않을까?

월든 호숫가에서의 생활을 기록한 헨리 데이비드 소로의 『월든』 속 상황을 꿈꾼다는 남자들을 더러 보았다. 자연 속에서, 자연인으로 사는 일상에 여자들은 별 감흥을 못 느낀다. 야생에서(야생뿐인가) 여자 혼자 안전하게 살 수 있는 조건이 아닐뿐더러, 설혹 원하는 이가 있다 해도 온갖 위험을 감수하면서까지 실행에 옮기는 여자들을, 적어도 나는 만난 적이 없다. 다만 나를 포함해, 여자들이 말하는 〈나는 자연인이다〉의 장점은 남자들이 야생에서의 놀이가 됐든 생존이 됐든 스스로 만들어 먹는, '살림'을 한다는 것이다. 자신을 돌보는 것, 이것은 1인 가구가 아니라도 사람이라면 생을 유지하기 위해 누구나 행해야 하는 기본 과업이다. 인생은 장기전이니 당연히 그래야 한다.

50대 이상의 남자들에게 반찬을 만들어 제공했다는 것은 그 연령대 남자들은 반찬 없이는 도저히 밥을 먹을 수 없을 것이라는 생각 때문인가 아니면 어떤 식으로든 서비스를 제공했다는 행정기관의 실적을 위해선가?

내가 생각하는 이 사업의 진짜 문제는, 행정기관이 나서서 50대 남자는 요리를 할 줄 모르고, 살림은 여전히 여자의 몫이라는 인식을 공고히 만들었다는 데 있다. 50대 이후 반찬 만들기가 생의 과업이자 도전이 될 줄 몰랐다면 이제라도 그간 누군가가 자신을 위해 대신 노동해주었음에 감사하고 스스로 하기 시작해야 한다.

내 아버지만 해도 아직 어머니가 해주시는 음식에 짜다, 달다 하며 평가하신다. 노동과 수고를 맛으로 품평하는 내 아버지의 용감무쌍함(?)은 비난받아 마땅하지만, 어머니는 평생을 그리 살아오신 아버지를 이제 와 고칠 수도 없는 노릇이라며 이 '무능한' 남자를 가엾게 여긴다. 긍휼을 미덕으로 여기는 시대는 오래전에 사망했으나 그것이 미덕이라며 향수에 젖어 말하는 '옛사람'은 생존해 있다. 이제 머지않아 두 분 중에 한 분이 먼저 돌아가시는 날이 올 것이다. 대개 노인 부부 가구는 사별로 1인 가구가 되는데, 내 형제들은 아버지가 먼저 돌아가셔야 한다고 말한다. 아버지는 당신 자신을 돌보지 못할 거라고 형제들이 믿어 의심치 않기 때문이다. 그렇다면 이제라도 아버지가 해야 하는 일은 무엇인가? 잡아 온 물고기를 요리해 달라고 어머니에게 건네는 것이 아니라 직접 요리해 드시는 일이다. 더 나아가 요리한 물고기를 이웃과 나누어 먹으면서 교류를 이어가면 좋을 것이다. 아버지에게 남은 생의 과업은 어쩌면 이것이 전부일지도 모른다.

아픈(플) '홑몸'이
차라리 낫다

에이즈 예방 단체에서 일하는 광서 씨의 비교적 최근 연애
는 3년 전에 끝났다. 어느 날, 광서 씨는 어쩐지 말해야 할 거
같아서 파트너에게 할 이야기가 있으니 집으로 와 달라고 전
화했다. 그전까지 상냥하던 파트너는 무엇을 짐작한 것인지
그냥 전화로만 이야기하자고 했다. 그러고는 내내 침묵. 전화
가 끊겼나 싶었는데 파트너가 먼저 운을 뗐다. 사실은 다 알고
있었다고. 광서 씨는 HIV 바이러스 감염자다. 이 통화 후 파트

너와의 관계는 냉랭해지고 어쩌다 만나면 대화는 늘 한 가지로만 수렴됐다. "술 먹지 마, 약 먹어." 광서 씨는 자신이 다 알아서 하고 있으니 그런 이야기는 그만하자고 해도 화제는 전환되지 않았다. "어쩌면 애인 사이라기보다 형 동생 사이였던 게 헤어진 이유일지도 몰라요." 딱 열 달간의 연애는 그렇게 끝이 났다.

함께 여행하다 보면 상대방의 많은 걸 알게 된다. 광서 씨는 사랑하는 사람을 만나 많은 곳을 여행하고 싶었지만 이제 영 기회가 올 거 같지 않다고 했다.

물론 이전에도 연애는 있었다. 상대에게 호감이 싹트는 초기, 서로 좋아지면 두 사람의 얼굴은 환해졌다. 광서 씨의 파트너도 그랬을 것이다. 유난히 밝아 보이는 파트너에게 동료들은 물었다. "좋은 일 있어?" 그러면 파트너가 광서 씨의 사진을 동료들에게 보여준다. 동료들은 놀라고, "너, 이 사람 누군 줄 알고 만나는 거야?" 질문 아닌 추궁이 이어졌다. '감염인'이라는 광서 씨의 신상이 그 자리에서 털리고 만다. 광서 씨는 그렇게 자기를 보여줄 기회도 없이 병명으로 자신이 차단되고 지워져 버리기 전에 자신이 어떤 사람인지 파트너에게 먼저 보여주고 싶었다. 파트너와 좀 더 친해지면 그때 털어놓아도 늦지 않겠다 싶었는데, 결과는 매번 비슷하게 끝났다. 그 전에 둘 사이가 얼마나 친밀했든 관계없이 광서 씨가 감염인인 걸 알고 나면 다 떠나버렸다. "형은 참 좋은 사람이야. 근데 나는 아직 준비가 안 된 거 같아." 레퍼토리도 비슷했다. 그렇게 말이라도 해주고 떠나면 고마운데, 어느 날 갑자기 상대가 연락을 끊어버리면 광서 씨는 깔끔하게 '없는 사람'이 됐다.

광서 씨는 사람이 사무치게 그리운 날에는 누구라도 만나러 집을 나선다. 그가 또래 게이들을 만날 수 있는 공간은 술집, 극장, 사우나, 취미 활동을 같이하는 동호회 정도다. '게이팅'으로 만난 사람들도 있지만, 감염인이라는 걸 알고 나면 그것으로 끝이었다.

광서 씨에게 가족은, 아무리 원해도 우리나라 법 테두리 안에서는 만들어낼 수 없는 것이다. 그럼에도 광서 씨는 동성결혼이 합법이 되고, 다시 사랑하는 사람이 생기고, 서로의 뜻이 맞는다면, 기꺼이 결혼하고 싶다고 한다. 그러나 현실에서는 결혼은커녕 당장 병원 진료를 받을 때조차 애를 먹고 감염인이어서 당하는 폭력은 상상을 초월한다.

"최근 2년 동안 제 주변의 18명이 자살했어요. 감염인은 귀족 환자다, 나라에서 진료비 다 대준다, 당연히 쟤들은 지옥 가야 하는데 왜 내 세금을 동성애자 에이즈 환자에게 써야 하는 거냐, 이런 혐오 발언이 그들을 사지로 몬 거죠. 빈소 차려졌대서 가보면 없어요. 다음날 가족이 화장해버린 거에요."

광서 씨가 가깝게 지내던 친구들도 다 떠났다. 분명 옆에 있었는데, 어느 날 보니 아무도 없다. 이제는 터놓고 이야기 나눌 사람도 변변히 없고 워낙 혼자 오래 살아서 앞으로 누가 생긴다 해도 함께 잘 지낼 수 있을지 걱정이다. 주위에서는 반려동물이라도 키워보라고 권하지만 광서 씨는 그러고 싶지 않다. 오래전에 키웠는데, 동물도 낮에 혼자 두면 자학하고 괴로워했다. 무엇보다 나 좋자고 그랬던 게, 미안했다. 광서 씨는 여러모로 이번 생은 망했다고 생각한다.

올해로 직장 생활 11년 차에 접어든 40대 초반 윤기 씨는 지난해 초 광주에서 본부가 있는 서울로 발령 났다. 직장인이 되고 얼마 되지 않아 혼자 산 적이 있어서 가족과 떨어져 사는 게 이번이 처음은 아니다. 광주에는 노부모님만 사신다. 윤기 씨는 그런 부모님을 걱정하지만, 부모님은 윤기 씨가 더 걱정이다.

그는 태어나면서부터 신장이 안 좋았다. 신생아 때부터 종합병원에서 약 먹고 치료하다 여섯 살 때 다 나았다는 진단을 받고 그런 줄 알았지만, 대학에 입학하던 해 설날, 할머니께 세배하려고 대청마루에서 절을 하다 그대로 고꾸라졌다. 검사 결과는 만성신부전. 신장이 지속해서 나빠져 결국 '끝까지 가버린 상태'라고 그는 말했다.

"신장이 제 기능을 못 해 거의 10년 동안 혈액투석을 했어요. 대학에 다니다 휴학하길 반복했지만 더는 그럴 수 없어 자퇴했어요. 그러고는 신장이식 수술을 했죠. 감염되기 쉬우니 면역억제제 먹고 집에만 있으라더군요. 수술하면 힘들다고 하지만 사실 저는 투석하러 병원에 안 가는 것만으로도 좋았어요. 대신 약 부작용이 엄청났어요. 머리 감고 나면 민머리가 될 정도로 머리카락이 숭숭 빠져나갔어요. 스테로이드제

를 많이 먹으니까 온몸이 부어 사람 모습이 아니었고요. 거
울 보면 늘 내가 아닌 거 같았죠."

윤기 씨는 그렇게 온몸이 부어오른 모습으로 한동안 집에
만 있었다. 꾸준히 치료하다 보니 몸은 조금 나아졌는데 정확
히 그때부터 앞으로 어떻게 먹고살아야 할지 현실적인 걱정이
시작됐다. 자격증이 있으면 취업하기에 쉬울 거 같아서 열심
히 학원에 다니고 자격증도 땄다. 꾀부리지 않고 준비한 덕에
다행히 합격했다.

남의 신장을 빌려 살고 있으니 몸이 거부 반응을 할 때가
있다. 공격을 못 하게 하려면 평생 면역억제제를 먹어야 한다.
이전보다는 약 효능과 대처법이 좋아져서 기대 수명이 높아졌
지만, 평균 15년 정도를 내다볼 뿐이고 투석이든 재이식이든
선택해야 한다. 몸 관리를 잘못하면 예전으로 돌아갈 수 있다.

윤기 씨는 언젠가 또 몸이 나빠질 수도 있다는 생각을 자주
한다. 그는 거의 매일 병원에 다니면서 혼자 살겠다는 생각을
하게 됐다. 결혼한 사람들은 행복해 보이지 않았다. 배우자의
긴 병을 견디지 못해 이혼하는 사람, 신장이식하고 나면 다시

행복해질 줄 알았는데 인생이 평탄치 않은 길로 접어드는 사람들을 보았다.

> "사람이 오래 아프면 주변 관계가 평탄치 않아요. 그런 게 알게 모르게 제게 영향을 미친 거 같아요. 누구와 결혼해서 그 사람이 엄청 힘들고 그거(병) 때문에 사이가 안 좋아진다고 생각하면 무섭고 싫어요. 내가 안 좋아지면 그 사람과 평탄하게 살 수 있을까 걱정이 먼저 앞서고요. 좋아하는 사람과 결혼했는데 그 사람이 힘들어질 걸 상상하면 같이 살고 싶단 생각이 안 들어요."

지금은 괜찮지만, 윤기 씨는 늘 물 한 모금도 제대로 못 먹어 힘들었던 시절이 언제든 재현될 수 있다고 생각한다. 그때가 되면 지금처럼 온화한 사람이 아니라 자신밖에 모르는 사람이 될까 봐 두렵다. 사람들은 "그럴수록 누가 옆에 있어야지, 부모가 언제까지 같이 있어 줄 수 있겠냐"고 하지만 혼자 살겠다는 윤기 씨의 결심은 흔들리지 않는다.

윤기 씨는 연인과 사귀다가도 결혼 이야기가 나오고 바로 헤어졌다고 한다. 상대가 힘들어했지만, 그는 매정하게 딱 끊었다. 그런 그를 친구들은 냉정하다며 놀라워하기도 하고 놀리기도 했지만, 관계를 끌면 끌수록 시간만 가고 피차 안 좋으니 빨리 말해버리는 게 좋다고 한다. 앞으로도 사귀는 사람이 결혼하고 싶어 하면, 연애는 하는데 결혼 생각은 없다고 처음부터 분명히 말할 것이다. 상대도 같은 마음이면 만나겠지만, 윤기 씨는 알고 있다. 나이가 들수록 그런 사람은 별로 없을 거라는 걸.

여자라서
불안한 게 아니라

실제 '나쁜 일'을 겪지 않아도 언제든 그런 일이 일어날 수 있다는 두려움이 사람의 행동반경을 좁힌다. 혼자 사는 여자들은 만약의 경우를 대비해 현관에 남자 신발을 놓아두고 집 안에는 커다란 남자 옷을 걸어 두어야 한다고 말하는 이가 있지만, 그런 눈가림은 나쁜 마음을 먹고 온 사람에게는 아무 소용없는 짓이리라.

현관문에 달린 이중 잠금장치는 눈에 보이는 단속이지만,

마음 한구석에는 저까짓 열쇠가 내 안전을 지켜주지 못할 거라는 두려움이 상존한다. 답답해도, 환기가 필요해도 창문도 현관문도 열지 못하곤 한다. 문을 열어둔다는 건 '침입자가 들어올 수 있다'의 다른 말이다.

현실 공감 스릴러라 불러도 좋을, 영화 〈도어락〉 32)이 개봉했을 때 나는 만약의 사태에 대비하는 차원에서라도 봐두어야 한다고 생각했지만, 끝내 보지 못했다. 보고 난 이후의 잔영을 도저히 감당할 수 없을 것 같았다.

"혼자인 지금 안전한가요?"라는 질문은 말 그대로 안전에 관해 묻는 것이므로 나는 여자, 남자 모두에게 유효하리라고 생각했다. 사는 곳이 안전한지, 언제 불안한지를 물었을 때 남자들은 대개 "네(안전하다)"라는 단답에 그치거나, "뭐, 그저 그래요"라는 시큰둥한 답변이 대부분이었다. 어서 다른 질문으로 넘어가기를 기다리던 얼굴도 떠오른다.

반면, 여자들은 "아니오"로 시작해 어디에서 끊어야 할지 모를 만큼 기나긴 경험담을 늘어놓았다. 확연한 차이였다. 문단속을 걱정하는 사람도, 혹시나 하는 마음에 잠금장치를 여러 번 확인하는 사람도 모두 여자였다. 혼자 사는 여자들은 집에 들어오면 '살아 있는 세콤'처럼 자신 안의 보안 버튼에 불을 켰다. 실제로 2016년 한국여성민우회 토론회 자료에 따르면 혼자 사는 여성들의 경우, 고립과 고독감에 대한 불안(11%)보다 성범죄에 대한 불안(43%), 강도·상해에 대한 불안(14%) 수치가 훨씬 높게 나타났다.[33]

(성)폭력에 대한 두려움은 여성의 행동반경을 줄이는 것은 물론, 공간 선택의 폭도 줄여 결국 삶의 질을 저하한다. 「도시 1인 가구의 거주지 선택에 대한 젠더 차이(관악구 청년 1인 가구의 성별 주거 욕구와 비용의 관계를 중심으로)」 연구를 보면, 여성 1인 가구는 남성 1인 가구에 비해 낮은 주거 욕구 단계를 충족시키고 있었다. 여성은 주거 욕구로 자신과 재산의 보호 욕구까지만 충족시킨 경우가 많은 한편, 남성은 한 단계 높은, 안락과 편리의 욕구와 그보다 높은 사회적인 상호관계 유지 욕구까지 충족시키고 있었다.

이 연구에 따르면, 여성은 사는 공간이 얼마나 안전한가를 공간 선택의 우선순위로 꼽았다. 이를테면, 여성이 선택하는 주거환경 요소들은 "대로변과 얼마나 가까운가?", "후미지고 어두운 골목이 얼마나 짧은가?", "밤늦게까지 유동인구가 얼

마나 많은가?"로 정리되는데, 이는 범죄에 대한 두려움을 측
정하는 기준이 되는 지역사회 무질서 요인 중 물리적 무질서
내용과 일치한다고 연구자들은 보고 있다.[34]

반면, 남성은 안전성보다 방 크기, 구조, 교통 편리성 같은
다른 요소를 더 중요하게 고려했다. 다소 안전하지 않더라도
그것이 주거환경에서 중요한 요인이 아니라고 응답한 것이
다. 집을 선택할 때 기준이 되는 실내 환경 요인인 소음에 얼마
나 취약한지(방음이 잘 되는지), 냉난방 시스템이 잘 갖춰져 있
는지, 냄새 배출은 잘 되는지, 프라이버시는 잘 지켜질 만한
구조인지, 화장실이나 베란다 등이 편리한지, 쓰레기 버리기
에 용이한 구조인지 같은 요소에 남자는 더 집중했다. 하지만
여자는 치안과 보안, 공용공간인 복도나 집을 드나드는 출입
구, 택배 받는 시스템 같은 공간과 위치의 안정성 요소에 더
주의를 기울였다. 남성 1인 가구에 안전에 관해 물었을 때,
왜 "예", "아니오"로 짧게 답하는지 알 수 있는 대목이다.

언론이 여성을 대상으로 한 (성)범죄 수치를 소개하거나 가
공할 때, 여성의 위치는 안전의 먹이 사슬에서 늘 하단에 놓인
다. 예를 들면, 층수가 낮은 원룸 형태의 집에 거주하는 여성들

은 누군가 엿볼 것이 두려워 한여름에도 창문을 잘 열지 못한다, 인터넷으로 물건을 주문할 때 자신이 혼자 사는 여성이라는 사실이 드러나지 않도록 남성의 이름을 쓴다, 보일러 수리 등을 요청할 때 아버지나 남자 가족이 대신 전화하는 사례가 늘고 있다는 식이다. 피해의 심각성을 기술하는 현상 위주의 보도에는 누가(여성), 어느 정도의 (성)폭력을 당했다는 피해자와 피해 정도는 있는데, 행위를 한 가해자를 찾으려는 흔적은 잘 보이지 않는다.

이런 패턴의 보도에 원인 분석까지 덧붙이면 더 난감해진다. 혼자 사는 여성들이 범죄의 대상이 되는 이유를 단순히 혼자 사는 여성이 기하급수적으로 늘었다는 점에서 찾는 기사도 있다. 부모, 형제와 함께 살 때는 자체 방범 시스템, 즉 늦게 귀가하는 딸을 마중 나오는 아빠와 오빠, 가족이 있었는데 모두가 뿔뿔이 흩어져 사는 지금, 그 자리를 동 주민 센터에서 운영하는 여성 안심 동행 서비스 정도가 메울 뿐이고, 그마저도 도움을 받지 못하는 지역이 많다는 식이다. 아예 어긋난 진단은 아니지만, 근본적인 원인을 지적하지 않으니 대안도 제시하지 못한다.

다가구주택에 세 들어 사는 30대 초반 영선 씨의 집은 한 달이면 두세 번 정전됐다. 영선 씨는 집안 전기 배선에 문제가 있는 듯하니 수리해달라고 집주인에게 몇 번이나 요청했지만 감감무소식이었다. 어느 날 엄마와 큰오빠가 영선 씨 집에 방문했을 때, 영선 씨는 이 상황에 대해 하소연했다. 영선 씨 오빠는 집주인 번호를 달라고 하더니 그 자리에서 전화를 걸어 지금 당장 고쳐달라고 말했다. 그러자 놀랍게도 그날 즉시 해결됐다. 오빠는 전화를 걸기 전에 따끔하게 혼 좀 내줘야겠다고 혼잣말했다. 오빠처럼 굵직한 목소리는 아니지만, 영선 씨도 나름 단호하게 부탁했는데 주인의 대응은 이렇게 달랐다.

대학에 입학하면서 서울로 올라와 자취를 시작한 지영 씨는 대학원 시절 학교 근처 원룸에 살았다. 어느 날 집에 돌아온 그녀는 깜짝 놀랐다. 책상 위에 성경책이 놓여 있는 게 아닌가. 지영 씨가 없는 틈에 주인이 집에 들어와 놓고 간 거였다. 성경책은 아마도 자신이 다니는 교회에 나오라는 의미였을 것이다. 주인에게 마땅히 주거침입죄를 물어야 했지만, 지영 씨는 당장 주거지를 옮길 수 없는 '세입자' 처지라 그러지 못했다. 만일 집주인보다 나이 많은 '남자'가 세입자였다면 주인이 그 남자에게도 이렇게 행동했을까?

30대 후반의 직장인 영은 씨도 비슷한 경험이 있다. 영은 씨는, 남자들은 여자가 혼자 살면 '쉬운' 여자로 보는 경향이 있다고 했다. 시도 때도 없었다. 한밤중에도 뭐 하고 있느냐, 심심하지 않으냐, 내가 놀아줄까 하는 식의 메시지를 보내는 남자 동료 때문에 영은 씨는 한동안 골치를 앓았다. 불쾌함을 드러내면 "너를 쉬운 여자로 볼까 봐 걱정해서 그러는 거야? 튕기니 더 매력 있다"라는 식으로 곡해하며 메시지를 더 적극적으로 보냈다. 점입가경은 "(그런 태도가) 섹시하니 더 까다롭게 굴어달라"는 것. 영은 씨가 한 번만 더 이런 메시지를 보내면 경찰에 신고하겠다고 하자, "아이고 무서워라. 알고 보니 성질 더럽네"로 끝나는 문자를 보내왔다.

영은 씨는 한동안 모멸감으로 지독한 두통에 시달렸다. 마음 같아서는 회사를 그만두고 싶었다. 만약 '방범대원'으로서의 남편이나 남친이 있다면, 그 남자가 자신을 그리 함부로 대했을까? 영은 씨는 '남자 보호자'를 내세운다는 게 옳지 않음을 알면서도 그런 바람도 가져보았다고 한다.

현실이 이렇다 보니 언론이 자체 방범 시스템의 부재를 들

먹이는 것도 무리는 아니다. 그렇다면 혼자 사는 남자는 불안하지 않아야 할 텐데, 과연 그럴까?

가난한 월세살이 가구들이 다닥다닥 붙어 사는 열악한 동네 주민인 50대 광서 씨는, 주택도시공사에서 모집하는 공공임대주택에 들어가려고 꽤 애써봤지만 모두 떨어졌다. 열심히 시도할 즈음에는 나이가 어린 축에 속해서 탈락했고, 이제 나이 좀 들었다 싶으니 신혼부부와 부양가족이 있는 세대에게 밀렸다. 없는 돈에 다른 곳을 알아보려고 애쓰는 건 지금 사는 곳이 너무 불안해서다.

한 번은 새벽에 밖에서 누군가 번호 키를 누르는 소리에 깼다. 놀란 광서 씨가 누구냐고 묻자, 어떤 남자가 변기를 고치러 왔으니 문을 열어 달라고 했다. 이 새벽에? 광서 씨는 바로 경찰에 신고했고, 경찰은 CCTV로 확인하겠다고 했지만 범인은 잡히지 않았다. 광서 씨는 고개를 내저으며 말했다. "남자인 저도 무서운데, 여자들은 어떻겠어요?"

청소년 상담사인 30대 초반 에디 씨의 심정은 더 복잡하다. 에디 씨가 남자였을 땐, 밤에 돌아다녀도 무서움을 못 느꼈다. 혼자 길을 가는데 깡패에게 돈을 뜯기거나 귀신(?)을 만나면 어떡하나 하는 정도가 걱정거리의 전부였다. 그녀가 머리를 기르고, 젠더 표현을 여성으로 하기 시작하면서부터는 집 앞까지 따라오는 사람(남자)이 생겼다. 그녀는 그때부터 길거리가 무서워졌다. 반지하 월세방에 들어오면 새벽에도 불을 전부 켜놓고 잤고, 한번 집에 들어오면 다시 안 나가게 됐다.

"새로운 고민이 생긴 거예요. 체험하지 않으면 도저히 알 수 없는 일이죠. 한국이 아무리 치안이 좋다 해도 경험하지 않으면 절대 모르는 일들이에요. 저는 군대도 다녀왔고, 여간해선 무엇도 무섭지 않아요. 속으로 생각하죠. 저 남자 나랑 싸우면 질 거 같은데, 왜 저렇게 행동하지? 제게는 남자들이 그렇게 자신이 남자인 것만 믿고 호기롭게 구는 게 충격이었어요. 저는 싸울 수도 있고, 상대가 원하는 대로 해주지 않을 자신도 있지만, 여자가 된 후 느끼는 공포는 다른 차원의 문제였어요."

에디 씨는 남자였을 때는 느끼지 않았던 공포를 여자가 된 지금은 느낀다. 언젠가 새벽 1시쯤에 밖에서 누가 문을 두드렸다. 굵은 목소리의 남자는 자기가 지금 길을 잃었는데 안정을 취하고 싶어 그러니 잠깐만 쉬어가면 안 되겠냐, 그게 안 되면 전화 좀 쓰면 안 되겠냐고 물었다. 당연히 안 된다고 했더니 남자는 대문에 오줌을 쌌고, 집주변을 어슬렁거리다가 사라졌다. 그때 느낀 공포를 에디 씨는 어떻게 표현해야 할지 지금도 모른다. 그녀는 이전에 남자로 살던 세계를 다시 돌아봤다. 그녀는 남자들이 여자를 '치마', '스타킹', '화장'으로만 보는 것 같다고 말했다.

두려움을 조장하고 증폭시키는 프레임과 위험을 인지하고 대응하는 능력은 성별과 크게 관계없다. 여자가 혼자 독립해 살기에 우리 사회가 너무 위험하고 무서우니 남자가 여자를 보호해줘야 한다는 논리도 광서 씨와 에디 씨 이야기를 듣다 보면 쉽게 허물어진다.

열악하고 위험한 주거환경에서 벗어나고 싶은 광서 씨는 이미 충분히(!) 가난하므로 '어떤 희망'을 품을 수 있었지만, 가난은 임대아파트에 입주할 수 있는 최소 요건일 뿐이었다. 그는 나이와 부양가족 기준을 충족시키지 못했다. 광서 씨는 앞으로도 '자격'을 갖추지 못할 것이므로 그에게는 안전하고 안정적인 주거환경에서 거주할 기회가 없을 것이다.

에디 씨는, '남자였을 때'는 어떤 '남자'와 상대해도 이길 자신이 있었지만 젠더 표현을 여자로 하면서 남자를 만날 때 두려움을 느낀다. 에디 씨는 이전까지 몰랐던 여자들의 불안을 온몸으로 체감하고 충격을 받았다.

여자 세입자가 없는 틈에 몰래 집에 들어와 성경책을 놓고 가고, 전기를 수리해달라고 해도 못 들은 척 무시하는 처사는 혼자 사는 여자를 '약자'로 인식하고 '가볍게, 우습게, 함부로' 여겼기에 가능했다.

제대로 작동하는 냉난방 시스템과 냄새 배출을 감당할 공간 크기와 구조를 소홀히 여길 입주자가 어디 있겠는가? 주거 선택 기준에서 성별에 따른 차이만 주목하는 안이한 분석과 대응이 계속되는 한, 이 모든 것을 고려하고 안전까지 이중삼중으로 염두에 두어야 하는 열악한 환경에 있는 1인 가구의 고충은 언제까지나 사라지지 않을 것이다.

외롭다기보다
불편하다

지방에 있는 공공기관에 근무하며 주말부부로 지내는 정수 씨는 "50대 남자가 집에 혼자 있다고 해서 뭐가 불안하겠어요?"라고 반문했다. 그가 느끼는 불안은, 타인이 자신에게 위해를 가할지도 모른다는 불안이 아닌, 혼자 있는데 혹시 아프면 어쩌지, 즉 수발들어줄 사람(아내)이 없다는 불안이다.

이건 불안이 아니고 불편이다. 주말부부로 가족과 떨어져 사는 중년 남자는 살림을 도맡아 하던 아내가 주중에 갑자기

'없어져 버린' 상황을 불편해한다. 이들은 주로 40~50대 주말 부부 중 남자로, 텅 빈 집에 들어가기 싫어서 일부러 회식을 만들어 술 먹고 빨리 취해 자버리는, 그들만의 저녁 있는 삶을 택한 사람들인데, 주중의 5일을 그렇게 날리듯 써버리고 주말에는 가정에서 아내가 해준 밥을 먹는다. 이 이야기를 하자면 지방에서 근무하는 이들의 금요일 일과를 들여다볼 필요가 있다.

금요일 오후 사무실. 점심 이후부터 슬금슬금 마음이 뜨기 시작한 직원들은 일을 하는 둥 마는 둥 하며 칫솔질을 하거나 짐을 싼다고 조용히 부산스럽다. 그러다 6시 땡 소리가 나자마자 회사 앞에 대기하고 있는 통근버스(45인승 버스 10대)를 향해 오로지 좋은 좌석을 잡으려는 일념으로 몇백 명이 우르르 달려나간다.

서울역과 양재역 주변도 볼 만하다. 공공기관에서 대절한 관광버스에서는 전국의 공사 직원들이 한꺼번에 쏟아져 나온다. 그때 이들의 표정은 밝다. 하지만 다시 직장으로 내려가야 하는 일요일 저녁이나 월요일 새벽, 이들은 얼굴에는 표정이 없다.

정수 씨만 해도 지금은 어지간히 적응했지만, 지방에 내려간 첫해는 쉽지 않았다. 10평짜리 오피스텔 관사는 낡고 허름했다. 정수 씨가 군이 다른 곳을 얻지 않는 이유는 월, 화, 수, 목 4일만 버티면 금요일 저녁부터 3일을 '진짜' 집에서 잘 수 있기 때문이다. 그 3일을 위해 4일을 유예했다. 주중에도 마음은 주말을 향해 나아갔고, 지금 자신이 어디에 있는지 종종 헷갈렸다.

정수 씨는 매주 고속도로 위를 왕복 6시간씩 오가고, 일주일의 반이 유예되는 삶을 생각하면 가끔 우울해진다. 가족 전체가 지방으로 이전하면 어떨까 하고 생각해본 적도 있다. 하지만 서울 소재 대학에 다니는 자녀가 있고, 가족에게 필요한 모든 것이 서울에 있다. 이 이중의 삶이 조금은 버겁다.

정수 씨와 동료들이 처음부터 그랬던 건 아니다. 가정을 떠나 갑자기 혼자 살게 된 상황을 처음엔 좋아했다고 한다.

"마음껏 술을 먹어도, 집안이 어질러져 있어도 누구 하나 간섭하는 사람이 없으니 좋았을 거예요. 하지만 오래 가지 않아요. 자고 일어났을 때, 집에 돌아와도 아무도 없는 게 허전해지는 순간이 금세 와요. 주말부부 남자들은 일부러 불이나 TV를 켜놓고 출근해요. 퇴근하고 들어갔을 때 누군가 있을 거 같은 느낌을 받으려는 거죠. 그런 사람들은 혼자 살준비가 안 된 사람들이에요. 혼자 살려면 최소한 혼자서 입고 먹는 걸 해결해야 하는데, 서툰 거예요."

서울에서 지방에 있는 공단으로 이전할 당시에는 그만두지 않았는데 시간이 지나며 퇴직한 이들도 있다. 언론에는 정년이 다 된 사람들이 퇴직하는 거라고 보도됐지만 가족과 헤어져 사는 게 의미가 없고 생활하는 게 너무 불편해 그만둔다는 사람도 제법 있다.

반면, 같은 주말부부라도 40~50대 여자들은 혼자 살게 된 상황을 행복해하며 즐긴다. 물론 주말에 다시 가족이 있는 집으로 돌아가면 '아내', '엄마'가 없는 5일 동안 가족들이 먹을 음식을 한꺼번에 만들어놓는 일이 온전히 자신의 몫이지만, 적어도 '날마다' 하는 일에서는 해방될 수 있으니 좋다는 거다. 학교 급식의 시작이 엄마들에게 왜 혁명이었겠는가?

내 동료들 중에도 육아휴직이 끝나 업무에 복귀해서는 "이

제야 좀 살 것 같다"고 말하는 이들이 있다. 아무렴 사회생활이 집안일보다 쉬워서였을까? 회사에서 부대끼다 보면 눈물이 쏙 빠질 정도로 힘들 때가 많지만 아내, 엄마, 며느리로 일인다 역을 해야 하는 가정생활보다는 공적 생활이 차라리 '혼자' 있는 시간을 만들어준다. 그런 '대전'을 치러왔기 때문인지 가정 내 역할이 많은 여자가 남자보다 단독 생활에 유능한 것 같다.

1인 가구 자립의 최소 조건은 매일 살림하는 '항상성'에 있다. 이 꾸준한 실행력이 몸에 익어야(익지 않았다 해도 매일 해내야) 자신의 생활과 삶을 타인에게 기대지 않을 수 있다. 고령의 남성 노인은 아내 없이는 끼니를 제때 못 챙길 가능성이 크지만, 그의 파트너인 아내는 지금껏 그래왔듯 '혼자서도 잘' 하므로 자식들이 (빈말이라도) 함께 살자고 해도, 요양 시설에 들어가자고 해도, 한사코 거부하고 혼자 있기를 원한다.

생활을 꾸리는 모든 일에 능한 50대 영철 씨가 혼자 살아 불편한 건 오로지 하나, 밥해 먹는 일이다. "요리에 개인적으로 취미가 없어서이긴 한데, 이 대답은 아내들에겐 마땅하다 여겨지는 과업이 남편에게는 취미였다는 반증일 뿐이겠죠?" 라며 그는 겸연쩍은 듯 웃었다. 혼자 해 먹자고 뭘 사면 돈이 더 들어 차라리 사 먹고 만다는 영철 씨는 사 먹는 게 지겹지만 어쩔 수 없다고 했다.

그렇다고 50대 남자들이 모두 바깥에서 밥을 사 먹기야 하겠는가? 어떤 메뉴이든 한 끼(solo-dining)를 스스로 해결할 수 있다면, 혼자 오래 살 요건을 갖추었다고 볼 수 있을 것이다. 동호 씨가 그렇다.

그는 일주일에 한 번 정도 퇴근길에 회사 근처 마트에 들러 달걀, 채소, 과일, 해산물, 라면을 산다. 재료를 선택하는 기준은 간단하다. 요리를 그다지 잘하지 못하는 사람이 혼자 해 먹을 수 있는 재료들을 먼저 손에 집고 본다. 요리랄 것도 없이 바로 먹기에 손색없는 제품이다. 귀찮을 땐 포장된 즉석 찌개와 냉동실에 쟁여둔 밥을 전자레인지에 돌려먹으면 된다. 자주 하다 보니 몇 가지 테마도 생겼다. 샐러드와 과일은 기본이고, 밥을 볶아 먹기도 하고, 파스타를 해 먹기도 한다. 아주 건강식은 아니지만, 영양 불균형 식단도 아니다.

혼자 먹는 일에는 익숙해졌지만 혼자 먹다 보면 많이 먹게 되니 그건 좀 주의해야 한다는 동호 씨는, 요리에 재미를 붙여 볼까 생각해봤지만 혼자서 해 먹는 건 너무 수지가 안 맞아

외식과 일상식을 겸하고 있다. 그는 사람들을 집으로 불러 파티를 여는 것도 좋아하지만 인생이 매일 파티일 수 없고, 게다가 매일 느끼한 파스타와 기름진 구이를 요리해 먹을 순 없으니 1년에 몇 번, 파티 음식을 만들어 사람들을 초대하는 쪽을 택했다. 이렇게 좋아하는 동료들과 즐겁게 어울리다 보니 삶이 유연해졌다. 동호 씨는 밥 먹고 설거지까지 마치면 대개 고양이 똥을 치운다. 좀처럼 곁을 내주지 않는 고양이지만 같이 사는 것만으로 외로움이 덜하다.

누구나 밥은 먹어야 하니까, 1인 가구는 관계 의존적이 아니라 '밥 의존적'이다. 둘만 살아도 옆 사람에게 밥해 달라고 부탁할 수 있지만, 혼자는 모두 스스로 감당해야 한다. 혼자 사는 생활이 지속 가능한지는 혼자서 밥해 먹고 치울 능력이 있느냐 없느냐로 판가름 난다. 요리하는 남자가 대세라 다양한 프로그램에서 남자 요리사들이 자신만의 비법을 선보이며 화려한 요리를 완성하는 근사한 모습을 자주 보게 된다. 그러나 남자가 설거지하고 행주와 도마까지 꼼꼼하게 씻어 말리는 모습을 보여주는 프로그램은 잘 보지 못했다.

밥과 짝을 이루는 빨래는 어떤가? 20대 효진 씨는 부모와 살 때는 빨래가 그냥 돼 있는 줄 알았다. 동거인과 살 때는 나눠서 하면 됐다. 하지만 혼자 사는 지금, 놀랍게도 빨래는 자신이 벗어놓은 채로, 설거지는 쌓아둔 그대로 있다. 효진 씨는 빨래할 때마다 엄마 생각에 송구하다.

"저는 빨래가 제일 힘들어요. 옷감이 다 달라 어떤 건 세탁소에 맡기고 어떤 건 손세탁해야 하죠. 엄마가 정말 애쓰셨겠구나, 비로소 느껴요. 옷 벗어 팽개쳐놓으면 하루만 더 입으면 안 되겠냐고 하셨는데, 엄마~ 어떻게 하루를 더 입어 냄새나는데~ 투정 부렸어요. 제가 살림해보니 이틀이고 삼일이고 충분히 입을 수 있었는데 말이죠."

1인 가구를 위한 방문 수거 세탁 서비스와 청소 대행 서비스 수요도 급증하고 있다. 그래도 효진 씨는 자신이 직접 하기로 마음먹는다. 유능한 생활인은 매일, 꼭 해야 하는 일의 순서를 정하고 반복하면서 무의식적으로 할 수 있을 때까지 몸에 익힌 사람이라는 사실을, 효진 씨는 독립하고 나서 알았다.

혼자 사는 사람은 혼자 살림하는 사람이다. 음식을 만들어 먹고, 집 안을 청소하고, 주말에는 세탁기를 두세 번씩 돌리고, 식재료를 사다가 일주일 분으로 차곡차곡 나눠 냉동실에 재워놓는다. 누구도 잡아주지 않는 생활 리듬을 혼자 잘 지켜나가기 위해 생활의 의무를 다한다. 혼자 살아도 흐트러지지 않는 규칙, 일상을 잘 유지하는 관성을 '생활의 힘'이라고 한다면, 혼자들은 혼자서 삶을 잘 영위하기 위해 저마다 생활의 각(角)을 잡는 사람들이다.

누구도 봐줄 이 없는 자신을 스스로 신경 써서 관찰(이때 관찰은 자기 자신을 유심히 보는 일)하며 자신을 관리하려 애쓴다. 물론 마음대로 되지 않는 게 또 일상이지만.

3장
혼자 잡는 생활의 각

혼자인 내가
멀리하려 애쓰는 것들

　사람들과 어울리고 싶어서, 혼자라 심심해서 별 뜻 없이 즐기던 취미나 기호품. 반복하다 보면 어느새 끊을 수 없는 단계에 이르기도 한다. 흡연자를 인류의 마지막 종족인 듯 대하는 사회에서 담배는 가까이하기에는 너무 먼 당신이 되었지만, 홀로 있을 땐 여전히 가장 강력한 유혹자다. 인생의 고단함과 외로움을 떨쳐내려고 담배에 집착하는 것인지, 담배에 집착하다 보니 더 외로워진 것인지 알 수 없지만, 앞서 본 대로 영국의 조 콕스 고독위원회는 약한 사회적 관계로부터 비롯된 외로움은 하루에 15개비의 담배를 피우는 것만큼이나 건강에 해롭다고 발표했다.

사람을 당기기도 하고 밀어내기도 하는 게 냄새라면 담배는 어느 쪽에 가까울까? 비흡연자는 담배 냄새 때문에 흡연자를 멀리한다지만, 굳이 금연하면서까지 가까이하고 싶은 누군가가 없는 게 더 문제라고 30년째 '골초'인 내 친구는 말했다.

혼자 사는 효진 씨가 가장 경계하는 사람 1위는 '집 멀고 술 좋아하는 친구'다. 그런 친구들은 적당한 술이 생활에 활기를 준다고 말하지만, 효진 씨가 보기에 그들은 매일 같이 술을 마셨고 "얼굴이나 한번 보자"는 반가운 제안도 대개는 술 마시기 위한 핑계일 뿐이었다. 술이 거의 유일한 즐거움이 되자 사람에게서는 별다른 위안이나 자극을 얻지 못하는 것도 안타까웠다. 그런 친구가 재워달라며 찾아온다면 하루 정도는 괜찮지만, 더 길어지면 곤란하다고 효진 씨는 말한다.

불면을 면하기 위해 가끔 마시던 술이 어느새 습관이 돼버린 경우도 고약하다. 얕은 잠도 이제 술 힘을 빌리지 않고는 들지 못하는 30대 후반 직장인 영은 씨는 더는 술에 의존하지 않으려 최근에 수면 클리닉에 다니기 시작했다.

폭력 남편으로부터 가까스로 벗어난 보경 씨는 술이 아니고서는 자신의 이야기를 털어놓지 못하는 알콜릭 단계에 이른 친구에 관해 이야기했다. 보경 씨가 생각하기에 혼자 사는 사람은 더 신경 써서 자기를 '관찰'해야 하는데 술은 관찰을 방해하는 주적으로 보았다. 보경 씨는 어떻게든 친구를 돕고 싶지만 오로지 술만이 즐거움이라는 친구를 말릴 수 없어 안타깝다고 한다.

한편, 술, 담배만큼 중독성이 강하지만 둘은 어감이 다소 무거운 데 비해 '이것'은 재미나고, 가볍고, 즐거워 여유 자금만 허락한다면 경험을 넓혀가는 일종의 창작처럼 느껴진다. 바로 쇼핑. 오프라인보다 할인 폭이 커 오늘은 또 어떤 상품이 얼마만큼의 세일 가격으로 팔리고 있는지 매일 출석해 확인해봐야 안심이 된다는 사람도 있다. 심하면 질환으로까지 분류되는 쇼핑 중독은 의학에서는 충동성 조절 장애군에 속한다. 쇼핑 중독자들은 유체이탈 화법에 능해서, 이들이 자주 쓰는 표현으로는 "어머, 나 또 사고 있네!"가 있다.

어떤 브랜드의 어떤 스타일이 자신에게 어울리는지 쇼핑호

스트와 MD들이 나보다 나를 더 잘 아는 세계. 인터넷 쇼핑이 취미라고 말하면 가벼워 보이지 않을까 걱정하는 이도 있지만, 호기심을 자극하는 이 세계에는 매일 신문물이 쏟아져 나오는 터라 새로움을 맛보려는 이들에게는 끝도 없는 자극을 안겨준다. 내가 만난 이들도 쇼핑이 주는 즐거움은 사람에 비할 바가 아니라고 했다. 그럼에도 그들은 자주 기도하곤 했다. 매일 저지르고(소비) 매일 밤 회개(소비하지 않게 하소서)하면서, 더 작은 악(해야 한다면 저렴한 소비)을 택하게 도와달라고.

무엇을 사든 저녁에 주문하면 새벽에 배송받을 수 있는 시대. 오늘날 산타클로스는 모바일 배달 앱이다. 이른 새벽, 주문자의 대문 앞에 놓고 가기 위해 누군가 밤새며 물건을 분류하고 나른다는 걸 생각하면 너무 상식적이지 않아서 마치 타인의 건강 염려를 먹고 커나가는 미세먼지 마스크 시장처럼 찜찜하고 미안한 기분이 든다. 하지만 망설임도 잠시, 클릭은 계속된다.

온라인 시장의 비싼 소비에서 벗어나려는 노력이기도 하고 좀 색다른 재미를 원하기도 해서 승현 씨(38세)는 지난해부터 오프라인으로 '갈아탔다.' 매장 없는 직거래 장터에 자신이 쓰던 걸 내놓겠다고 사이트에 올리는데, 온라인 프리마켓의 오프라인 판, 혹은 외국의 중고 숍(secondhand shop)을 생각하면 된다. 무엇보다 이 시장은 저렴한 게 장점이다.

승현 씨는 같은 동네에서 맞교환하니까 부담도 없고 동네 사람 만나는 즐거움이 커서 대면 직거래를 선호한다. 필요한 물건을 저렴하게 거래하고 이웃사촌도 만들 수 있으니 그야말로 일거양득. 쓰는 물건이 비슷하다는 건 아무래도 취향이 같다는 뜻이고 관심사가 비슷하니 말도 잘 통해 친구가 될 가능성도 있다. 그런 점에서 이 방식은 20~30대 여성들이 특히 좋아한다.

주중에는 직장이 있는 지방 도시에서, 주말에는 집이 있는 서울로 오르내리는 이중생활을 하면서 정수 씨의 삶은 적잖이 달라졌다. 서울에서는 퇴근 후 이른바 '저녁이 있는 삶'이 가능했다. 정수 씨는 독서습관이 몸에 밴 사람이라 퇴근 후 집에 돌아가면 책을 읽고 기타도 치곤 했다. 하지만 지방으로 이전한 후 직장에 '적응'하려고 사력을 기울여야 했을 땐 종일 긴장한 상태로 일하느라 몸이 고달팠다. 집에 돌아오면 너무 피곤해 책을 읽고 싶어도 손 하나 까닥하기 어려웠다. 잠만 쏟아졌고 잠이 깨면 그저 멍하니 TV를 보거나 유튜브만 들여다봤다. 유튜브 오토매틱 플레이는 중독성이 지나쳤고, 알고리즘은 정수 씨보다 정수 씨를 더 잘 알았다. 결국, 잠시 쉬러 들어가지만, 귀신처럼 각종 채널을 떠돌다 가까스로 빠져나와 무덤 같은 침대로 직하하는 밤이 반복됐다. 이대로는 안 되겠다는 각성이 밀려왔다. 가까스로 생활 패턴을 바꿔 그는 요즘 다시 일기를 쓰기 시작했다.

술 마시고 담배 피우며 만지작거리는 스마트한 이것. 손안의 세계를 밀어낼 만한 '사람'은 점점 보기 힘들어지는 걸까? 보고, 알고, 발견하고, 이해한다는 see는 적극성을 띤다. (누군가를) 만나기 위해 보면, 알게 되고, 발견하게 되면, 이해하게 된다. 반면, 역시 view는 보기는 하되 관찰에 가깝다. 페이지뷰(page view)가 인터넷상에서 사용자가 페이지를 열어본 횟수를 뜻하듯, 무수히 보아도 쌓이는 실체가 아닌 휙휙 지나가버리는 풍경. 어떤 창(page)은 세상과 사람에게 가닿는 창(窓)이 되기도 하지만 이토록 안전하고 편안한 방식은 출구를 잊게 만들어 어느 순간 유저는 어디로 나와야 할지 몰라 당황하고 마는 것이다.

손에 붙어 떨어질 줄 모르는 스마트한 세계는 머잖아 '디지털 트라우마'라는 익숙하면서도 낯선 질병을 만들어낼지도 모르겠다. 절제란 자기 욕망과 관계 맺는 방식이라는데, 막강하고 거대한 스마트 세계에서 소소한 절제를 권하는 게 부질없게 느껴지기도 한다. 그럼에도 적지 않은 혼자들은 지금 이 순간에도 중독과 재미 사이를 오가며 나름의 균형을 잡아가고 있다.

솔직히
　　　　그다지 외롭지 않아

　여기, 연애라고는 해본 적 없는 20대 후반 치형 씨가 있다.
연애가 필요하다는 생각 자체를 해본 적 없다는 그. 책 읽는
시간과 연애하는 시간은 훔친 시간이라는 말이 있고, 연애는
생각으로 하는 게 아니라 보통은 감정에 이끌려서 시작되는
거 아니냐고 내가 묻자, 그도 살짝 의심하고 있다고 답했다.
혹시 '무성애35)가 나의 정체성의 일부인가?' 하고. 그럼에도
그는 때때로 생각한다. '나에게, 좋은 사람이, 이렇게까지 안

나타날 일인가?'

치형 씨에게는 좀 이른 나이에 결혼한 친구가 있다. 그 친구
는 또래 중 누구보다도 상대방을 잘 배려하고 매사 어른스러
웠다. 연애나 결혼은 어쩌면 그 친구처럼 상대에 대해 민감한
사람들이 하는 것이고, 그런 의례를 전혀 모르는 자신 같은
사람에게는 아예 해당하지 않는 것일까, 치형 씨는 궁금하다.

혼자 사는 게 그다지 외롭지 않지만 외로움 비슷한 감정이
느껴질 때 40대 중반의 대학교수인 지영 씨는 일에 매진하거
나, 끝도 없이 자거나, 좀비가 돼도 좋다는 자세로 드라마를
몰아서 본다. 그에게 외로움과 우울함은 경계가 불분명하다.
두통이 오면 어서 지나가라고 바라는 것처럼 이 감정은 견디
는 수밖에 방법이 없음을 안다. 마구 일을 벌이고, 벌인 일을
해치우면서 시간이 흘러가기만 기다린다. 누구에게도 해를
끼치지 않으면서 일에 몰두하다 보면 시간이 비교적 잘 갔다.

물론 그녀도 누군가와 함께 하는 미래를 상상해본 적이 있
다. 상상은 도움이 되지 않았다. 능력 있는 사람을 만나면 독립
성이 훼손될 것 같고, 무능한 사람을 만나면 인생이 억울해
질 거 같아 괴로웠다. 상상은 자신을 한층 까다로운 사람으로

만들었다. 사실, 지나간 어느 한때가 막연하게 그리울 뿐 절절하게 외로운 상태도 그다지 없다. 그저 오르내리는 감정의 변화만 있을 뿐이다.

지영 씨는 혼자 있는 시간에 좀 더 생산적인 일을 하고 싶어 취미 동호회에서 뭔가를 배우거나, 운동으로 방향을 튼 지 꽤 됐다. 친구를 만나거나, 지인들과 여행을 다니며 사람 속에 섞여 부러 정신없는 시간을 보내기도 한다. 그러다가도 어느 순간 다 필요 없다는 생각이 들며 엉망이 되고 싶고, 무너져 내리고 싶을 때도 있다. 그럴 때는 스마트폰으로 디엠비를 보다가 자다가, 배고프면 먹기를 며칠씩 반복한다. '폐인' 되겠다 싶은 죄책감이 들 때라야 정신이 들곤 한다.

어떤 사람은 청소나 설거지를 하고 가구를 바꾸고 미장원에 가서 머리를 하며 기분을 전환한다지만, 지영 씨는 그렇게는 못 한다. 우물 밑에 빠진 것처럼 허우적대다가 일이 오면 다시 다행이라고 생각하는 편이다. 주중의 삶을 최대한 루틴하게 만들어놓고 일하면서 산업사회가 선호하는 '새마을형 인간'이기를 자초한다. 그러다 보면 사는 일의 허무함을 잠시 잊는다.

혼자들은 때로, 외로우면 어떡하나 걱정하기보다 타인과의 접촉면이 없거나 적어 자신이 이상한 사람이 되지 않을까 혹은 그렇게 비치지 않을까를 걱정한다. 편하다면 편한 '혼삶'에는 상대와 책임을 분담하는 일에 서툴고, 베푸는 일에도 익숙하지 않아 괴팍하고 이기적으로 늙어가는 건 아닐까 하는 두려움도 함께 공존한다.

한없이 가볍고
투명에 가까운 관계

낯가림 심한 혼자가 있다고 가정하자. 그는 누구와도 좀체 섞이고 싶지 않다. 그가 동네 밥집에 들어선다. 주인에게 목례 하고 매일 시키는 똑같은 메뉴를 주문한다. 매일같이 가면서 도 아무 말 없이 먹는 일에만 집중한다. 주인도 그에게 알은체 하지 않는다. 오늘도 아무런 교류가 없으니 안심이다. 그런 그가 내일 이사를 해야 한다. 그는 주인에게 '저 이제 안 와요, 장사 잘하세요.' 덕담을 건네고도 싶지만 끝내 하지 못한다.

그는 자신과 비슷한 주인 덕에 그간 친밀한 익명을 유지해왔고 그걸 훼손당하지 않은 채 떠난다.

좀 더 적극적인 성격의 혼자는, 같은 처지인 사람들끼리 날을 정해서 혹은 불시에 모여 함께 밥을 먹는 '소셜 다이닝'이나 '소셜 팸'(패밀리)에 얼굴을 내민다. 밥도 밥이지만 사람들과 교제하며 적적함을 더니까 '사회적 가족'처럼 느껴진다.

주변에 '친밀한 익명'을 유지하는 사람도 있고, '소셜 팸'을 만드는 친구도 있다는 30대 초반 선영 씨는, 많은 사람을 자주 만나는 건 아니어도 인터넷 커뮤니티에서 불특정 다수와 순식간에 약속을 정해 만난다. 이른바 온라인 번개팅. 처음 보는, 생판 모르는 '남'을 만나러 가는 거지만 신상 정보 교환 따위의 형식은 걷어치우고, 만나면 곧장 본론으로 들어간다. 단지 사람(뉴 페이스)을 만난다는 희망을 품고 나가는 거라 만남의 연속성은 없지만 첫 대면의 순간부터 서로를 탐색하기 바빠 활력이 일시에 샘솟으니 긴장감만은 굉장하다. 친해지면 "나, 오늘 이거 할 건데 같이할 사람!" 다시 우르르 쾅! 번개를 친다. 그러면 번개 맞은(?) 사람들이 몰려들면서 한 덩어리가 돼 또 재미나게 논다.

대학에서 법학을 가르치는 승현 씨는 종(?)과 국적을 초월해 수년째 만남을 이어가고 있다. 그는 고양이를 좋아해 자신의 집을 고양이가 쉬어가는 쉼터로 만들었다. 승현 씨와 친구들은 건강하지 않은 유기 고양이를 구조해 각자의 집으로 데려가 돌보고 고양이 상태가 좀 나아지면 다른 집으로 입양 보내기를 반복해왔다.

　승현 씨는 두 마리째 다른 집으로 입양 보냈고 지금은 세 번째 고양이와 살고 있다. 가끔 도맡아 키우고 싶기도 하지만, 언제든 자신이 멀리 떠날 수 있다는 생각에, 아직 생명을 책임질 각오가 여전히 안 돼 있다는 걱정에, 언젠가는 고양이가 죽는 것도 보아야 할지 모른다는 두려움에, 엄두를 못 내고 있다. 둘이 지내다 고양이가 먼저 가버리면 빈자리를 어찌한단 말인가.

　일상을 공유할 사람이 없다는 자체로 허전하고 외로울 때가 있다. "야, 내가 지나가다 눈빛이 서늘한 고양이를 봤는데……" 하며 별 의미 없는 수다를 마구 떨고 싶을 때가 있지 않은가. 어차피 외로울 거라면 좀 더 '입체적인 방식'으로 외로움을 대면하기로 승현 씨는 마음먹었다. 이번에는 집 소파에 모르는 사람을 재우기로 했다. 이름하여, 카우치 서핑(couch surfing). 잠을 잘 수 있는 소파를 의미하는 카우치(couch)와 파도를 탄다는 서핑(surfing)의 합성어인 카우치 서핑은 숙박 혹은 가이드까지 받을 수 있는, 여행자들을 위한 비영리 커뮤니티다.[36]

보스턴에 사는 한 남자가 아이슬란드로 여행을 떠나기 전, 여행 경비를 줄여보려고 무려 1,500명의 아이슬란드 대학생들에게 자기를 재워줄 수 있느냐는 메일을 보냈다. 그중 1/3이 재워줄 수 있다는 답장을 보내와 무임 거래가 성사됐다. 여행을 끝내고 돌아온 남자는 카우치 서핑 프로젝트를 구체화하기 시작했다. 사이트에 무료로 회원 가입을 한 후, 자신에 대한 정보와 거주지 정보를 가능한 한 상세하게 올려 여행자들이 자신의 집에 머물 수 있는 시스템을 만든 것이다.

승현 씨도 같은 방식으로 국적을 불문하고 자신의 집에 사람들을 들였고, 그렇게 지금까지 승현 씨 집에 묵은 사람만 30명이 넘는다. 여행자는 승현 씨 집 소파에서 하룻밤 묵고 승현 씨는 잠깐이지만 즐거운 말벗을 얻는다. 요리를 잘하는 여행자는 요리로, 노래를 좋아하는 이는 노래로 소파를 내어

환대해준 승현 씨에게 보답한다. 자신이 집을 비운 동안 찾아와도 상관없다. 일이 바빠 정신없을 때는 여행자에게 그저 잘 지내다 가라고 할 뿐이다. "난 집에 없을 테지만 내 집에서 잘 쉬어가."

이 놀라운 개방성 덕에 한국에 오면 으레 승현 씨 집을 찾아오는 '친구'도 생겼다. 승현 씨 집은 이로써 고양이도, 여행자도 쉬어가는 훌륭한 '홈스테이'가 된 지 오래. 가장 멋진 여행은 타인이라는 점에서 승현 씨는 타국을 여행하는 기분도 만끽하고 있다.

50대 초반의 영철 씨도 말한다. 혼자 사는 게 문제가 아니라 혼자 있으면서 만나는 사람이나 모임이 없는 게 문제라고. 그는 느슨하게라도 지속하는 모임이 한두 개만 있어도 타인이라는 거울에 자신의 현재 상태를 비추어보고 점검해볼 수 있다고 힘주어 말했다. 영철 씨처럼 특히 '중년들'이 이런 모임의 중요성에 공감했다. 이들은 인생에서 남은 시간이 점점 줄어드는 것을 절감하면서 넓게 두루 만나는 모임보다 소수와 더 자주, 더 깊이, 더 오랜 관계를 이어가기를 원하고 있다.

도시에서 바쁘 사는 이들이 '언젠가는 나도……' 하며 꿈꾸는 2층 전원주택에 혼자 사는 영철 씨의 직업은 경찰관. 그는 오래전부터 마당 있는 집에 살고 싶은 바람이 커 볼륨을 높이고 음악을 크게 들어도 아무도 뭐라고 할 사람이 없는 집을 찾아다녔다. 그도 사람을 좋아하긴 하지만 너무 가까이 오는 건 싫고 여럿이 모여 사는 건 더더욱 원치 않았다. 사람들은 모이면 쓸데없이 서로 참견하고 다퉜다.

'시골살이'는 만족스럽지만, 친구라도 만나려면 서울에 나와야 하므로 그다지 멀지 않은 곳에 사는 친구와 한 달에 두어 번 만나서 밥 먹고 영화 보고 사는 이야기를 나눈다. 얼마 전에는 영화 〈보헤미안 랩소디〉를 함께 봤다. 그는 정치가 우리네 삶을 가장 높은 단위에서 규정한다고 생각하기 때문에 둘이서 가장 공들여 이야기하는 분야는 정치다.

50대 남자 둘이 만나 술은 안 하고 밥 먹고 영화 보는 게 이상하다는 사람도 있지만, 영철 씨는 지금이 좋다. 영철 씨 친구는 아버지이자 남편이다. 가끔 너 혼자여도 괜찮겠냐고 물을 법도 하지만 일절 내색도 없다. 하지만 영철 씨는 그 친구라면 물어봐도 상관없으리라 생각한다. 사생활이지만 '누가' 묻느냐가 더 중요한 것이다.

애인은 없지만
'섹파'는 있다

몇 번의 거듭된 연애와 헤어짐으로 마음이 '너덜너덜'해졌다고 말하는 30대 후반 지수 씨의 마지막 연애는 1년 전 겨울에 끝났다. 좋은 사람이 나타난다면 관계를 다시 시작할 수도 있겠지만 지금으로서는 남자가 그립지 않고 연애를 '쉬고' 있는 지금이 편안하다고 그녀는 말했다. 관계가 시작될 때의 긴장과 끝날 때의 허탈함에 관해 이야기하다 섹스가 화제에 올랐는데, 지수 씨는 섹스가 '여전히' 좋다고 했다. '현재'의

섹스를 말했다. 연애는 아니지만 '섹파(섹스하는 파트너)'는 있다는 것.

주중에는 야근이 잦아 여유가 없고 주말에만 파트너를 만나 가볍게 식사나 술 한잔을 하고 비교적 깨끗한 모텔이나 그리 비싸지 않은 호텔에 간다. 두 사람 다 혼자 살지만 자신의 공간으로는 초대하지 않는다. 집으로 초대하는 건 정식으로 사귀는 사람하고만 하는 편이라고.

지수 씨의 '섹파'는 평소 안면 정도만 있던 지인이었다. 그녀가 헤어지고 혼자가 됐다는 걸 안 지인이 사귀자는 부담을 주지 않을 테니 '가볍게' 가끔 만나는 건 어떠냐고 제안했고, 그녀가 받아들여 성사됐다. 만난 지 3개월 정도 됐는데 느낌이 괜찮고 아직 '이 관계'에 싫증이 나거나 실망한 게 아니어서 한동안 연애 없이도 지속할 거 같았다. 오히려 연애가 아니어서 서로에게 바라는 게 없으니 더 가뿐한 것 같다고. 그러다 연애 단계로 진입할 수도 있지 않으냐고 물으니 그건 그때 가서 생각하면 된단다. 자신은 첫눈에 반하는 스타일인데 아직 아닌 걸 보면 초기에 맺은 관계로 끝이 날 가능성도 있다고 했다. 하긴 관계의 패턴, 시작과 끝은 우리의 상상 밖에 있기 일쑤니까.

내 친구 회사 후배(20대 후반)는 1년 가까이 한 명의 여자와 가깝게 지내왔다. 주변 사람들은 당연히 그 여자가 '여자친구'인 줄 알았다. 퇴근 즈음에 그 여자를 만나러 간다고 했고, 주말에는 그 여자와 영화를 본다고 했으며, 어느 날은 그 여자가 아프다고 해서 약을 사서 그 집에 가야 한다고도 했으니까. 그런 어느 날 후배가 자신이 오늘부로 연애를 시작한다고 알렸다. 동료들은 의아했고, 그럼 그 여자친구랑 헤어진 것이냐고 물었는데, 아니라고, 바로 그 여자랑 오늘부터 사귄다는 것이다. 그럼 이제까지 사귄 게 아니고 무엇이었냐고 물으니 이제부터 사귄다는 것은, 오늘부터는 그 애랑만 자겠다는 의미라고 했다나. 과연 세상은 넓고, 사람은 많고, 사랑은 다양하다.

1부의 〈'외로움'이라 쓰고 '모르겠다'고 읽는다〉에서 이케아를 고약한 장소라 칭했던 동호 씨. 그 역시 사귄다는 느낌은 없고 섹스 파트너와 가까운(?) 관계는 있다. 섹스 파트너면 파트너지 섹스 파트너에 가까운 관계는 무엇이냐고 물으니, 동호 씨는 사실 어떻게 설명해야 할지 모르겠고 그 관계 이상을 넘어서지는 못할 거 같단다. 어쨌든 파트너와는 가끔 만나는 데이트 관계에 불과하지만, 동호 씨는 혼자 있을 때와는 비교할 수 없는 안정감을 느낀다. 이 감정은 그에게 연애에 대한 더 근본적인 고민을 안겼다.

동호 씨는 피곤하다. 재혼하고 싶긴 하지만 초혼 때와는 달리 많은 요소를 고려해야 해서. 누굴 만나면 '이 사람과 결혼한다면?' 하고 매번 염두에 두고 만나야 해서. '모' 아니면 '도' 사이에 있을 법한 일시적인 만남(성매매 아닌) 혹은 자유로운 연애 공간이 없어서.

그는 바란다. 외국 영화를 보면 남자한테 차인 여자가 바로 바에 가서 일시적인 짝을 찾기도 하는 것처럼, 정식으로 사귀겠다고 결심하기 전에 서로 뜻이 같다면, 성격은 잘 맞는지 몸으로 노는 놀이는 즐거운지 먼저 경험해 볼 수 있기를.

동호 씨의 이야기는 이른바 '돌싱'이나 노년의 연애에 두루 적용해볼 만하다. 유럽에서는 동거가 결혼과 똑같은 효력과 권리를 갖지만, 우리나라에서 동거는 제도적 보장의 측면이나 사회적 인식의 측면에서 여전히 매우 취약하다. 또, 동거는 결혼을 전제로 만나는 단계이기 쉽다. 많이 달라졌다고는 해도 동거하다 헤어지면 여전히 여자에게 '흠'이 되는 세상이다. 연애가 젊은이의 전유물도 아닌데 중년 이상은 성에 무관심한 중성적인 존재로 취급하니, 노인이(몇 살부터 노인?) 연애하면 주책이라는 소리도 들린다.

몇 년 전, 내가 잠시나마 스웨덴에 거주할 때 흥미로운 이야기를 들었다. 스웨덴에서는 자국민의 성관계 횟수가 줄면 이를 복지 후퇴의 문제로 받아들여 정치권에서 다뤄야 할 사안으로 본다는 것이다. 성적 흥미가 떨어진 이유가 너무 일만 하느라 피곤해서인지, 여타의 문제가 있어선지 진지하게 다룬다고 한다.

다시 '섹파' 이야기로 돌아가 보자. 승현 씨는 '섹스 프렌드'가 있다. 내가 파트너와 프렌드는 어떻게 다른 거냐고 물으니, 조금 더 가볍고 더 친근한 느낌이라나. FTM(female to male, 트랜스 남성)인 그는 '가슴 달린 남자'였을 때는 섹스를 갈망하면서도 괴로워했는데, 특히 상대를 안을 때 자신의 가슴이 느껴지는 게 싫었다고 한다. 몸으로 느끼는 감각보다 주관적인 건 드물 테니 일반화할 수 없는 지점이 있다 하더라도, 너무 이상적인 남성과 여성의 몸에 갇힌 이분법적 사고가 아닌지

물었다. 그는 자신이 그런 고정관념을 깨나간 일련의 과정을
설명해주었다.

트랜스젠더라는 용어도, 수술을 통한 성전환도 생소하기
만 했던 2001년, 갑자기 세상에 하리수가 등장했다. 하리수가
출연한 광고는 대중들에게 신선한 충격을 주었는데, 갑자기
이전에 없던 개념이 '몸'으로 출현했기 때문이다. 승현 씨는
바로 그즈음 자신이 남자를 좋아하는지 여자에게 끌리는지
고민하며 자신의 성적 지향을 찾아가고 있었다.

여성일 때 승현 씨는 임신이 가장 두려웠다. 임신은 승현
씨가 '여자'임을 세상에 알리는 무섭고도 강력한 증거였다. 그
러다 점차 시간이 흘러 남자가 임신한 사진을 보았을 때 깨달
았다. '아, 임신해도 남자임을 부정당하지 않을 수 있구나.' 승
현 씨의 '트랜지션'은 성별 고정관념을 깨나가는 동시에 자신
을 찾아가는 과정이었다.

승현 씨는 섹스 후에는 급히 타오르던 불을 끈 느낌이라 성욕
은 금세 사그라들지만 따뜻함에 대한 갈망만은 여전하다고
했다. 특히 혼자서 성욕을 해결한 경우 허그나 키스, 스킨십에
대한 갈망과 결핍을 하기 전보다 더 강하게 느낀다는 것이다.

같은 이유로 승현 씨도 일시적인 '섹파'나 '섹프'보다는 안정적이고 지속적인 연애를 원한다.

싱글,
값을 치르라 한다

구청 공무원인 40대 후반 원희 씨는 가임기가 끝나는 순간 영영 혼자임을 절감했고 묘한 상실감(?)마저 느꼈다. 그런 원희 씨에게 "결혼했어요?"라고 대놓고 묻는 사람은 거의 없지만, "아이가 몇 살이에요?" 혹은 "아이가 몇이에요?"라고는 자주 묻는다. 원희 씨가 혼자 산다고 답하면 상대는 무례한 질문을 해서 미안하다고 사과할까? 한 번도 그런 사과를 받아본 적 없는 원희 씨는 오히려 상대가 '한 사회의 구성원이라면 아이를 낳고 노인도 같이 돌봐야지 너는 왜 아무것도 안 하고 혼자 살려고 해?라고 추궁할 것만 같다고 느낀다. 물론 이내 자격지심이라고 생각을 고쳐먹지만.

명언가로도 유명한 작가 오스카 와일드는 "부유한 독신주의자에게는 무거운 세금을 매겨야 한다. 그만 남보다 행복하면 불공평해서"라고 했다. 결혼한 사람은 불행하고 독신은 부럽다는 취지의 유머지만 한국 사회에서는 이 유머가 작동하지 못한다.

오스카 와일드 말대로 결혼이 불행인지는 모르겠지만 내가 만난 1인 생활자들에 따르면 결혼 가구가 싱글보다 경제적으로 유리하다고 말했다. 실제로 결혼만 하면 금방이라도 아이를 낳아 저출생 문제를 해결해주리라는 기대를 받는 신혼부부들은 주택 분양에서 더 유리한 지원과 혜택을 받는다.[37] 반면, 싱글은 사회에 '무해', 즉 기여하는 바가 없으니 혜택이 돌아가지 않아도 군말하지 말라는 분위기가 있다. 실제로 근거 없는 우려가 아니다.

2014년, "앞으로 몇 년 후에는 싱글세를 매겨야 할지도 모르겠다"는 정부 고위 관계자의 말이 보도되며 온라인상에서

뜨거운 논쟁이 일었다. 논란이 커지자 해당 부처인 보건복지부는 해명 자료를 냈다. 현재 '저출산 보완 대책'을 마련 중이며, 결혼·출산·양육에 유리한 여건을 조성하기 위한 여러 과제를 검토 중이지만 '싱글세' 같이 페널티를 부과하는 방안은 전혀 검토하고 있지 않다고.[38] 하지만 해명 자료가 다시 보도되자 기사마다 댓글이 이어졌다. 발언이 고위 관계자의 '무의식'에서 비롯됐다 해도, "애 안 낳을 거면 애 낳은 사람을 위해 세금이라도 더 내라는 본심과 무엇이 다르냐", "생식 능력을 안 쓰면 세금? 국민이 애 낳는 기계인가?", "애꿎은 데서 세수를 늘리려 하지 말고 부자 중세나 신경 써라."

보건복지부가 다급하게 해명 자료를 내야 했던 이유는 한 매체의 관련 기사가 큰 파장을 일으켰기 때문이다. 기사 중 일부를 인용한다. "현재 정부가 시행하고 있는 난임 부부 체외수정비 지원, 고위험 산모 의료비 지원, 양육수당 지급 등 저출산 대책들을 시행하려면 상당한 예산을 투입해야 한다. 그러나 최근 무상급식·무상보육 논란이 확산한 것처럼 대책 없는 복지 확대는 지속가능성이 없다는 것이 정부 판단이다."[39]

기사를 접한 독자들은 '저출산 대책들을 시행하려면 상당한 예산을 투입해야 한다'는 대목을 '아이를 낳지 않을 거라면 낳기 어려운 난임 가구에 돈이라도 대주라'는 의미로 해석했다. 독자의 무리한 해석이라고 보기 어려운 것은, 이른바 '싱글세' 부과 논의가 참여정부 시절(2005)에도 거론된 적이 있고, 당시에도 논란이 됐기 때문이다.

당시 정부는 저출산 대책 재원을 마련할 방안으로 1~2인 가구에 싱글세를 부과하겠다고 했다가 반대 여론이 거세지자 취소한 전력이 있다. 1인 가구가 빠르게 증가세를 보였음에도 관련 제도는 4인 가구에 맞춰져 있었다.

당시에도 싱글이 결혼 못(안) 하는 이유는 고려하지 않고 국가가 싱글을 '기생 독신자', '무임승차자'로 낙인찍고 공동 분담금 식의 세원을 손쉽게 마련하려 한다고 비판받았다. 과거의 일만이 아니다. 불과 3년 전에는 정부 산하 연구 기관의 연구원이 '저출산 대안'으로 고학력 여성은 혼인율이 낮으니 불필요한 휴학, 연수, 자격증을 취득한 여성은 채용에 불이익을 줘 결혼 시장에 일찍 들어오게 하자고 발언했다.[40] 고학력 여성은 결혼과 육아를 기피할 공산이 크니 오히려 사회 통합에 저해되는 부류라는 인식이 관련 정책을 고민하는 연구자의 생각이라고? 놀람과 부끄러움은 독자의 몫이어야 하는가.

사실 싱글세(독신세)라는 항목은 없다. 그럼에도 일종의 '무자녀 세금' 같은 싱글세의 존재를 비혼들이 체감하는 이유는 결혼해서 아이를 낳은 사람보다 비혼들이 세금을 더 많이 내는 실정이기 때문이다.

싱글세는 없다지만 싱글들은 연말정산에서 '싱글세'의 위력을 느낀다. 연말정산에서 가장 큰 공제항목은 인적 공제다. 현재까지는 부양자가 있으면 인적 공제를 받을 수 있고 세금 공제율, 세금 환급이 크지만 혼자 사는 1인 가구는 상대적으로 환급이 없거나 적다. 이것이 사실상 '싱글세' 아니냐는 취지의 관련 기사들도 있다.

"인적 공제와 자녀 세액 공제는 엄밀히 말하면 미(비)혼자를 차별하는 제도는 아닙니다. 결혼하지 않더라도 부모 · 조부모, 형제 · 자매 등을 부양할 수 있으니까요. 하지만 요즘 늘어나는 1인 가구나 딩크(DINK · Dual Income No Kids)족에 불리한 것만은 분명해 보입니다."[41]

"기혼자들에게 유리한 연말정산 시스템은 출산율을 높이겠다는 정부 정책과도 동떨어져 있다는 비판도 나온다. 정부가 돈 쓸 여력조차 없는 청년들에게 '돈을 쓰지 않았다는 이유' 로 세금을 다시 걷어가는 것은 결혼이나 주택 마련을 위해 필 사적으로 저축을 해야 하는 2030대의 상황을 전혀 고려하고 있지 않다는 지적이다."[42]

기사의 논조를 종합하면, 인적 공제와 자녀 세액 공제가 대 놓고 싱글을 차별하진 않더라도, 정부가 '청년 물정'과 동떨어 진 정책을 펴고 있다는 것이다. 이에 대한 반박의견과 우려는 다음과 같다. "정부가 1인 가구 지원을 늘린다면 도리어 1인 가구 증가를 재촉해 가족 해체를 심화시키고 더 심각한 저출 산을 초래할 것이다."

정부가 1인 가구를 지원한다면 얼마나 지원할지도 궁금하 지만, 1인 가구 증가가 가족 해체를 불러온다면 이 책에 등장하 는 화자들과 현재 1인 가구들은 가족 해체의 주범인 격이다. 이런 논리라면 지금 세 집 가운데 한 집은 가족 해체의 주범이 고, 곧 두 집 중 한 집이 주범에 가담할 것이다.

내가 만난 혼자들은 아이를 낳고 키우기 위한 지원을 늘리 는 건 바람직하지만, 커플로 살고 있는데도 결혼하지 않았다 는 이유로, 짝이 없다는 이유로 1인이 부담하는 세금이 늘어나는 데는 반대했다. 인구의 1/3이 싱글인데도 자신이 가족 해체의 주범인 양 자책하게 만드는 현 제도와 정책에 대해 원희 씨는 이렇게 표현했다.

"'가정도 꾸리지 못한 열등한 사람이니까 돈이라도 좀 더 내야겠어'라고 하는 것 같아요. 저를 부족한 사람으로 느끼게 만들어요, 싱글세라는 게."

결혼을 묻기보다,
혼자도 아이 낳아 기를 수 있게

    2018년 통계청 발표에 따르면, 13세 이상 인구 중 결혼을 해야 한다고 생각하는 사람은 48.1%이고, (남녀가) 결혼하지 않아도 같이 살 수 있다고 생각하는 사람은 56.4%였다.[43] 이미 두 명 중 한 명은 결혼하지 않기로 마음먹었다. 그런데 커플 중 한 명은 그렇게 마음먹고 다른 한 명은 아니라면 어떻게 되나?

    안무가인 30대 후반 양배 씨는 지난해 여자친구의 '베프'가

결혼한다고 해서 함께 하객으로 참석했다. 그날 결혼식장에 온 친구들은 모두 결혼했거나 결혼을 앞둔 상태였다.

"친구 한 명이 그날 결혼하고 다른 친구는 날을 잡아 놓은 상태였어요. 그래선지 모두 결혼 이야기밖에 안 하는 거예요. 저도 압박감을 느꼈으니 여친은 오죽했겠어요. 나만 여기서 뭐 하고 있지? 이런 생각이 들 법도 하겠더라고요. 누가 우릴 보고 물어요. 다음엔 너네냐? 잘됐네. (결혼) 탁 하고, (아기) 탁 낳고 그다음에 이렇게 친하게 지내면 되겠네. 요즘 집 구하기도 힘든데 대출받아서 우리끼리 건물 세워서 같이 살자. 공동육아 어때? 그 말이 끝나기가 무섭게 여기저기서 좋다, 좋다 같이 모여 살자, 살자 그러는데 나는 속으로 '아, 나 지금 뭐 하고 있는 거지', 싶은 거예요."

양배 씨 여자친구는 친구들에게 숱하게 들었다. 네 나이에 1년 반 정도 만났는데 아직 (남친이) 결혼 이야기를 안 꺼내면 그 사람은 연애만 생각하는 거라고. 압박감을 느낀 여친이 양배 씨에게 자꾸 어떻게 할 것인지 묻고, 양배 씨는 답하기 곤란

해 얼버무리는 상황이 반복됐다. 하지만 양배 씨도 나름대로 이유가 있다. 그는 누군가와 함께 사는 일이 내키지 않는다.

사람들은 쉽게 '공동체'를 호출한다. "땅을 사서, 집을 짓고, 같이 살자." 농담 진담을 섞어 말하지만 일단 땅을 사서 집을 지을 돈이 없고, 있다 해도 거기 낄 수 있을까 걱정도 된다. 게다가 친한 사람들이 한 건물에 산다고? 이제 겨우 집에서 나왔는데? 가족의 징글징글함이 다시 연상된다. 물론 같이 모여 맛있는 거 해 먹고, 아프면 도움도 받고 좋은 면이 있겠지. 그러나 혼자 사는 양배 씨 친구들만 해도 '개인주의'에 대해서라면 일장 연설을 늘어놓을 수 있을 만큼 '개성 있는' 사람들이다. 어쩐지 끝이 좋을 것 같지도 않다.

결혼 생각을 벗어던질 수야 없겠지만, 양배 씨는 앞으로도 혼자 사는 삶을 택할 것 같다. 적정한 나이에, 적당한 사람 만나, 알맞게 연애하고, 때 되면 하는 '인류지대사' 결혼이 이제 기피할 고난이자, "아, 옛날 사람들이 했다는 그 혼인"이 되어간다. 여자친구와 이견을 좁히지 못한 양배 씨는 결국 그녀와 헤어졌다.

대학 졸업 후 쭉 출판 일을 해왔고 지금은 작은 출판사에서 편집장으로 일하는 윤희 씨도 지금껏 왜 결혼하지 않느냐는 질문을 지나치게 많이 받아왔다. 차라리 "이혼했어요!"라고 말해버릴까, 싶은 충동을 느낀 적도 있다.

이사하려고 부동산을 찾아다니는데 중개사가 윤희 씨에게 누구랑 사는지 물었다. 혼자 산다고 했더니, 중개사는 잔금을 치를 때까지 왜 결혼을 안 하냐는 말을 열 번도 넘게 했다. "지금 안 할 거면 평생 안 해야 해!" 하며 으름장까지 놓으면서 말이다. 그 순간에는 당황한 나머지 아무 말도 못 하지만 시간이 지나고 나면 어떤 식으로든 맞받아쳤어야 했는데 싶어 억울하다.

살던 집에서 이사 나오던 날도 황당했다. 경비원에게 그동안 감사했다고 인사드렸더니 "나는 해준 게 없지만, 아가씨가 결혼을 안 해서 그게 제일 걱정"이란다. 각별하게 아는 사이도 아니고 분리수거할 때나 택배 받을 때 잠깐씩 보던 분이 윤희 씨가 걱정거리였다고 하니 의아할 수밖에.

질문을 받으면 반문하게 된다. 남들이 이야기하듯 정말 나는 아직 좋은 사람을 못 만나 그러는 걸까? 윤희 씨는 아무리 생각해도 그건 아닌 것 같다. 정말이지 욕구가 없다. 어려서 혼자 자랐고, 혼자 사는 데 익숙해 거의 불편함이 없다. 오히려 새로운 누군가가 다가오면 불편하고 긴장하고 만다. 윤희 씨는 배우자보다는 이성이든 동성이든 친구가 많으면 좋겠다. 그 정도로 만족한다.

왜 결혼 안 하냐 정도의 질문은 우습다. 상투 틀지 않으면 어른이 아니라는 말을 지금도 듣고 사는 이도 있다. 그의 나이 53세. 그는 도대체 언제 어른이 되는가? 결혼해서 애 낳고 키워야만 삶에 대한 깊이와 이해가 있는 것처럼, 자기들만 그런 게 있는 것처럼 굴 때는 어쩐지 치사하게 느껴진다. 사람들은 듣는 이가 얼마나 불편(快)해할지 아랑곳하지 않고 걱정과 호기심을 섞어 함부로 말한다.

원인에 대한 인식과 해법 모색에서 한참 잘못됐지만, 싱글세 부과를 불러와야 할 만큼 정부가 절박하게 인식하는 비혼의 증가와 저출생. 이것이 고용불안, 소득불균형, 젠더 불평등, 주택난의 결과라는 걸 모르는 사람이 과연 있을까?

한국 정부는 합계 출산율[44]이나 인구정책을 거론할 때마다 복지 최고 수준의 북유럽 국가, 그중에서도 스웨덴을 한국과 비교한다. 나라 간 격차를 한눈에 보여주려는 의도겠지만, 10명 중 8명의 여성이 안정적인 근로 환경에서 일하는 스웨덴과 2명 중 1명의 여성도 그렇지 못한 한국을 비교하는 게 얼마나 효과가 있을까?

그 사회의 문화와 인식이 결국 제도로 구현되는 법이다. 스웨덴이 유럽연합 평균보다 높은 경제성장률을 기록하는 데는 노인 등 전 세대에 걸쳐 안정적인 경제활동을 장려하고, 이민자 포용 정책에도 적극적이기 때문이다.

내가 스웨덴에 머물 때 남편과의 사이에 세 살배기 아들 오스카를 둔 미와 씨의 집에 놀러 간 적이 있다. 마침 2개월째 육아휴직 중인 미와 씨의 남편은 아이와 시간을 보내고 있었다. 스웨덴은 아이를 낳으면 부모가 480일의 육아휴직을 사용할 수 있는데, 이 중 90일은 '아빠의 달'로, 아빠만 사용할 수 있다. 휴직해도 월급의 80% 가까이 지급된다.

우리나라처럼 남자가 육아휴직을 써도 좋고 안 써도 그만, 쓰려고 하면 불이익을 감수해야 하는 분위기, 출산 이후 '독박' 육아와 경력 단절이 기다리는 환경에서 흔쾌히 아이를 낳아 기르고 싶은 사람이 얼마나 될까? 결혼한 사이의 아이만 법적으로 인정받을 수 있는 건 어떻고?

세계 최대 정자은행(Cryos International)을 가장 많이 이용하는 고객은 스웨덴 여성이다. 스웨덴의 한 다큐멘터리(The Swedish theory of love, 2015)를 보면 정자은행에서 배달돼 온 정자를 침대에 누워 혼자서 주입하는 여성이 등장한다. 그녀는 웹사이트에서 정자를 고르기 전 정자 주인(?)부터 꼼꼼히 살핀다. 남자의 머리 색깔, 혈액형, 피부색, 키, 남자가 자신을 소개할 때 사용하는 용어까지 체크해서 자신에게 맞는 정자를 고른다.

열여섯 살에 이미, 결혼할 생각은 없는데 아이는 갖고 싶다고 말해서 엄마를 기함하게 했던 선영 씨는 국가가 혼자서도 아이를 키울 수 있는 조건만 만들어준다면 스웨덴 여성처럼 혼자 아이를 낳아 길러도 좋겠다고 생각한다. 보호자가 없어 국내든 국외로든 입양될 수밖에 없는 아이를 기르는 싱글 맘이 될 의사도 있다.[45]

나는 몇 해 전 아이를 입양 보내지 않고 혼자 키우려 애쓰는 어린 엄마들과 인권 수업을 진행했다. 그들은 어쩌다 아이를 낳았는데, 아이 아빠는 흔적 없이 사라졌고 자신의 부모에게

서도 버림받은 상태로 '미혼모' 쉼터에서 살고 있었다. 쉼터에서 함께 밥해 먹고 수유하고 아이를 기르면서 근근이 버티는 이들의 진짜 걱정은 빈곤이었다. 학교에 제대로 나갈 수 없으니 학업이 중단된 채로 나이 먹어 사회에 나가면 아주, 몹시 가난해질 거라는 두려움이 가장 컸다. 지금은 쉼터 보조금으로 간신히 버티고 있지만, 앞으로 이마저도 없어지면 혼자서 어떻게 아이를 길러야 할지 모르겠다고 했다.

어린 엄마가 아이 기르기를 포기한다면 그 아이는 아마 국내든 해외든 입양을 가게 될 것이다. 이런 막막한 현실이 쉽게 그려지니까, 아이 낳기를 포기하고 낙태를 선택하거나 베이비 박스에 아이를 몰래 두고 가는 10대도 많다고 쉼터 선생님은 말했다. 돈도 자원도 없는 10대 어린 엄마들의 고충은 이뿐일까?

아이를 낳기 싫어하는 사람, 형편상 아이를 가지지 못하는 사람에게 굳이 아이를 가지라고 강요할 게 아니라, 이미 낳은 아이를 제대로 보살필 수 있고, 혼자 낳아도 기를 수 있다는 인식과 제도를 마련하는 게 우선이다. 한국 정부가 단순히 출산율과 여성 경제 활동 인구만 가지고 스웨덴과 비교할 게

아니라 '혼자 아이 낳아 기르기 좋은 나라, 스웨덴'을 배우면
더 좋을 것이다.

4장
혼자의 거처

정체성을 규정하는 장소,
집

혼자 사는 이들에게 사는 곳은 삶의 거의 전부라 해도 과언이 아니다. 인터뷰이들에게 언제부터 혼자 살았는지 물으면 혼자 된 연도나 계기가 아니라 혼자 살던 공간(space)과 장소(place)를 먼저 떠올렸다.

"그 집은 신림동 골목에 있었는데 햇빛이 잘 들지 않아서 습했어요", "변기가 자주 막혀 화장실 쓰기가 무서웠어요", "골목이 으슥해 대낮에도 자주 두려움을 느껴요."

장소에는 특별한 정서도 담긴다.

"대문 옆에 사과나무가 있었는데 그걸 보면 늘 힘이 났어요."

사람은 환경의 영향을 받고, 우리 자신의 고유한 특성과 환경이 상호작용한 결과, 좋든 싫든 자신만의 새로운 공간 개념을 써나간다. 우리는 사실 '공간'과 '장소'를 엄격히 구분해 쓰지 않지만, 전공자들은 다를 것이다. 『장소와 경험』의 작가 제프 말파스는 우리의 정체성은 특정 장소나 위치에 묶여 있고, 장소야말로 인간의 자아 정체성과 자아 개념을 형성하는 결정적인 요소라고 했다. 반면, 공간은 내가 그 속에 속해 있기는 하지만 아직 내게 의미로 맺어진 곳이 아니라는 것. 여기에 '현재성'이라는 기준도 보탤 수 있을까?

주민등록상 주소지가 등재된 내 소속 '공간'은 서울이지만, 현재 내게 의미가 생기는 경험들은 매일 일하고 생활하는 지방의 여러 '장소'에서 벌어진다. 집과 사람을 아우르는 공간과 장소 개념은 그래서 잘 분리되지 않고 뒤섞여 있다. 이사 온 지 얼마 안 돼 몸은 새집에 있는데 내 마음과 기억은 여전히 떠나온 집에 있는 것과 마찬가지다. 이 글에서는 공간과 장소를 엄격히 구분하지 못했다.

바쁜 사람들이 잠만 자고 빠져나오는 곳이라 해도, 거기서 먹고, 자고, 씻고, 쉬고, 일하므로 우리는 지금 살고 있는 집에 의지한다. 음식을 만들어 먹고, 나가기 귀찮으면 주문해 먹고, 집안에서 운동하고, 홈시어터로 영화를 본다. 그렇게 오롯이 자신만의 공간에 널브러져 있고 싶은 피곤한 사람들이 현대인이다.

가장 기본적인 욕구를 해소하고 안위를 누리는 곳이 집이니, 지상에서 가장 편안한 곳도 집이어야 하지만[46] 소득 대비 주거비가 너무 많이 들고 수입마저 안정적이지 않다면 집만큼 무섭고 두려운 곳은 없다.

여관 달방에 오래 머물러야 하는 사람에게 사는 집이 좋으냐고 묻지 않는다. 여관 주인은 손님이 몇 해를 살고 있다 해도 세입자가 아닌 장기 투숙객이라고 할 것이다. 이 손님은 여관에서 매일 라면으로 끼니를 해결할 수도 있지만, 누구도 그가 거기서 '살림'하고 있다고 말하진 않을 것이다.

여관 달방처럼 집이 아니라고는 할 수 없지만, 거주지로는 여전히 불안전한 공간들이 있다. 열악한 조건은 여관과 별반 다르지 않아서 누구라도 빨리 벗어나고 싶은 곳, 일명 '지옥고'(반지하, 옥탑방, 고시원의 줄임말). 이곳을 빠져나온 이들에게는 '지옥고'가 여전히 애증의 공간이(었)다.

이제 30대 중후반의 한 남자와 한 여자의 서울 이주 주거사(史)를 자세히 들여다볼 것이다. 그들의 공간 변천사를 통해 십수 년간 변화해온 그들 삶의 궤적을 그려보자.

'지옥고' 지나
영구임대아파트 안착

    양배 씨는 월세 없는 보증금 200만 원으로 독립했다. 대학가 후문에서 1년, 쪽문에서 1년, 정문에서 1년. 그렇게 200만 원에서 240만 원 사이의 방을 찾아 메뚜기처럼 옮겨 다녔다.

    방이 큼지막해서 좋았지만, 겨울에는 그 방이 지나치게 크게 느껴졌다. 오래된 기름보일러로 난방을 하자니, 3만 원어치 기름은 일주일을 버텨주지 못했다. 양배 씨는 매달 15만 원씩 엄마의 원조를 받았지만 기름 두 번 넣으면 6만 원, 남는

9만 원으로 한 달을 버텼다. 그 돈으로는 밥 먹기도 빠듯해 버스 탈 엄두가 나지 않아 노상 걸어 다녔다. 매일 공연 연습하느라 낮에는 '알바'할 시간이 없었지만, 아는 형이 가게를 내면서 연습이 끝나는 11시부터는 식당을 향해 뛰었다. 새벽 3시까지 고기를 굽고 나면 고기 냄새 밴 손에 2만 원이 쥐어졌다. 그걸로 다음 날 밥 먹고 생필품을 샀다. 대학 졸업할 때까지 낮에는 연습하고 밤에는 고기를 굽는 생활이 이어졌다.

그렇게 모은 돈으로 이듬해, 난방이라도 되는 곳에 살자 싶어 고시원에 들어갔다. 고시원에는 방이 20개도 넘었지만 공부하는 고시생은 본 적 없고 아저씨, 아줌마들만 들끓었다. 공동으로 쓰는 샤워실이 있지만, 그들은 고시원에 들어오면 자기 바쁜지, 원래 잘 씻지 않는 편인지 샤워실에는 사람이 없었다. 밖에서 인기척이 느껴질 때는 누구도 코빼기도 안 내민다는 것을 시간이 지나 알았다.

고시원을 벗어나려고 양배 씨는 부지런히 돈을 모았고 옥수동 꼭대기에 옥탑방을 얻었다. 월세 14만 원을 부담해야 했지만 고시원을 벗어날 수 있어 좋았다. 고시원에 살다 옥탑으로 올라오니 신세계가 펼쳐졌다. 어둡고 습한 지하 고시원과는 달리 바람이 잘 통해 비로소 사람 사는 곳 같았다. 하늘과 가까우니 부자들만 누린다는 뷰(view)도 누릴 수 있었고, 볕 좋은 날에는 멀리 산세도 보였다. 건너편에는 힐스테이트, 래미안, 롯데캐슬 같은 고급 아파트 단지가 보였다. 역세권, 몰세권, 편세권이 갖추어진 한없이 쾌적하고 편리한 환경. 한겨울에도 여름옷을 입고 지내는 가벼운 삶을 생각하면 아파트는 부러운 공간일 수밖에 없다. 양배 씨는 애써 자위한다. 사실 저 중의 상당수는 비싼 대출을 끌어와 들어갔을 테니 필시 빚에 눌린, '빛(빚) 좋은 개살구' 인생일 것이라고. 그렇게 '여우의 신포도'식 체념이 잠깐은 위안이 됐다.

옥탑방 화장실에는 문이 없었다. 하는 수 없이 화장실 입구를 천으로 가려두었는데 가끔 주인아줌마가 옥상으로 올라와 샤워하고 있는 양배 씨 옆을 쓱 지나갔다. 놀란 양배 씨가 다급하게 "아주머니 저 씻고 있어요, 저 화장실에 있어요"라고 소리치면, 미안하다며 처음에는 내려가더니 나중에는 "안 볼게. 편하게 써" 하면서 자기 볼 일을 다 봤다.

그게 너무 싫어서 그는 다시 가열 차게 돈을 모았다. 온갖 공연을 다 뛰어서 500만 원을 모았고, 미안했지만 부모님께도 돈을 빌려 이번에는 보증금 1,000만 원에 20만 원짜리 방으로 옮겨 갔다. 그곳에는 화장실에도 문이 있고, 부엌이 있고, 화장실 안쪽에 꽤 큰 창고도 있었다. 서울에서 그 가격에 그 정도 크기의 집을 찾는 게 어렵다는 건, 말해 뭐하나. 나중에 알고 보니 그곳은 재개발 구역이라 월세가 안 오른 거였다. 이사한 첫날, 양배 씨는 잠을 이루지 못했다. 진실로 행복했다. 10년 가까이 전전하던 학교 주변 방들과 고시원, 옥탑방이 차례로 스쳐 지나갔다.

1년쯤 살았을 때 양배 씨는 자신이 살던 곳도 재개발된다는 이야기를 들었다. 그러면 여기서 쫓겨나는 걸까? 걱정스러운 마음에 혹시 몰라 여기저기 기웃거려보았다. 그런데 세입자도 분양받을 수 있는 조건이 된다고 했다. 다만 '해당 구역에 3년 이상 사는 경우'라는 제한 조건이 붙었다. 사실 양배 씨가 그곳에서 3년 사는 건 일도 아니었다. 어차피 갈 곳도 없었다. 재개발 구역 사람들은 그렇게 3년만 버티면 모두 새집으로 들어가는 줄 알고 기다렸다. 3년이 지났을 때 용산 참사가 터졌고, 기간은 한없이 늘어났다. 그렇게 7년이 흘렀다.

그 뒤 자격이 되니 아파트를 신청하라고 우편이 날아왔다.

양배 씨는 1순위 대상자인 철거민이었지만 당첨이 안 되면 갈 데가 없었기 때문에, 조금이라도 좋은 평수를 쓰면 경쟁률에 밀릴까 봐, 입시에서 가장 안전한 과를 지원하는 수험생의 마음으로 아주 작은 평수를 선택했다. 그러고도 한참 마음을 졸이며 지냈다. 용산 참사를 보고 난 후라 더 그랬을 것이다. 다행히 행운이 찾아왔고, 양배 씨는 그곳에 새로 지어진 아파트에서 2012년부터 쭉 살고 있다. '영구' 임대아파트 입주자가 된 것이다.

'영끌 대출'로 지은
내 전셋집

공연 기획자 선영 씨도 첫 독립은 고시원에서 시작했다. 그녀는 대학로 극장에서 가장 가까운 고시원에 무작정 가방만 던져두고 면접을 치렀다. 보증금 없는 월세 22만 원. 그녀는 고시원의 장점부터 말했다. 어차피 밤 10시에나 들어가서 잠만 자는 수준이라, 빨리 들어갔다 빨리 나올 수 있고 저렴해서 좋다고 한다. 하지만 이거 빼고는 모두 단점인 곳이 고시원이었다.

선영 씨가 지낸 고시원은 3평 공간에 작은 침대와 침대 위를 비스듬히 가로지르는 책상이 놓여 있었다. 당연하다는 듯 창문은 없었다. 환풍기처럼 생긴 중앙식 에어컨이 있지만, 냉기는 나오지 않았다. 밤중에 공동 부엌의 불을 켜면 조그만 콩처럼 생긴 것들이 '사악ㅡ' 사라지는 소리가 들렸다. 바퀴벌레 새끼들은 한데 모여 있으면 콩을 뿌려놓은 것처럼 까맣고 작다는 걸 선영 씨는 그때 알았다. 징그러웠지만 발을 한 번 쿵 구르면 모두 시야에서 사라졌다. 고향 친구들은 무턱대고 서울행을 감행한 선영 씨에게 용감하다, 실행력 좋다고 했지만 선영 씨 엄마는 "어린 애가 간만 커서"라고 일갈했다.

선영 씨는 열심히 돈을 모아 보증금 20만 원에 월세 40만 원인 원룸텔로 옮겼다. 일반 고시원과 비슷하지만, 공간이 조금 더 넓었다. 역시 돈이 좋았다. 그 방에는 놀랍게도 화장실이 있었다. 나쁘지 않은 조건이라 그곳에선 6개월 정도 머물렀다. 그러다 보증금 500만 원에 월세 40만 원, 방 두 개짜리 다세대 가구로 옮겼다. 반지하이긴 해도 창이 크고 원룸텔과 같은 가격이라 3년 정도 살았다.

선영 씨는 이제 다세대 주택 반지하에서 보증금 9,000만

원에 월세 10만 원짜리 반전세로 산다. 지상으로 올라가고 싶었지만, 선영 씨가 마음에 두었던 동네는 1년 새 집값이 훌쩍 뛰었다. 선영 씨는 집에서 직장까지 걸어서 최소 30분 이내, 햇빛이 잘 들어 공간이 습하지 않은 곳, 안전한 곳을 염두에 두었다. 이 조건을 1년 가까이 찾아 헤맸지만, 선영 씨가 가진 돈으로는 역시나 반지하를 벗어날 수 없었다. 하지만 내부가 깨끗하고, 창이 커서 햇빛이 잘 드는 곳을 기어이 찾아냈다. 선영 씨는 이 집을 계약하기 위해 '영끌' 대출을 받았다.

주택담보대출 또는 전세자금 대출을 최대한 받고, 적금, 펀드, 예금을 해지하고, 신용카드 대출을 모조리 받은 후 보험사 약관 대출까지 받아 돈을 끌어모은 뒤 그래도 모자라면 가족들에게도 원조를 받는 방식을 영끌 대출이라 한다.('영혼까지 끌어모은다'의 줄임말이다.) 선영 씨는 자칭 검색어 도사라서, 실한 정보와 아닌 정보를 걸러내는 능력의 소유자다. 그녀는 거의 개척자 수준으로 발품을 팔아가며 물어보고 수 없는 검색으로 돈을 끌어모을 방법을 모조리 찾아냈다. 그렇게 전세금의 30% 가까이는 스스로 만들었고 나머지는 대출했다. 이율이 좀 높은 편이지만 그래도 월세보다는 쌌다. 원금도 벌써

20% 정도 갚았다며 그녀는 호탕하게 웃었다.

원 가족으로부터 독립했다는 가장 확실한 증거는 경제적 자립이다. 눈치 보며, 온갖 아쉬운 소리 해가며 부모님께 용돈이며 생활비를 얻어 쓰던 자녀가 어느 날 적더라도 부모님께 용돈을 드릴 수 있게 됐을 때, 때로는 형편이 어려운 부모를 목돈으로 도울 수 있을 때, 자녀는 비로소 값을 치르고 산 자유를 맛본다. 이때부터 부모의 걱정 어린 충고를 가장한 협박(?)에 전전긍긍하지 않게 되며 부모가 나에게 빚지는, 소위 '갑을 관계'가 전환되면서 자녀는 애가 아닌 어른으로 대우받는다.

대출 이자를 갚아나가면서 선영 씨는 엄마가 여행 간다고 하면 시원하게 외화를 '꽂아주고' 평소에도 용돈을 챙겨 드리는 이른바 '현찰 효도'라는 것을 한다.

그렇다고 엄마의 '잔소리'가 아예 사라진 것은 아니고, 변형됐다. 혼자서도 잘살고 있는데 엄마는 선영 씨더러 집 놔두고 혼자 밥해 먹으며 고생을 사서 한다고 말한다. 온전히 자신만의 공간에 정착해 버젓이 삶을 영위하고 있는데도 안정되지 못하고 떠돌고 있다고 느끼게 만드는 '자취한다'는 말이 선영 씨는 영 못마땅하다. 선영 씨는 "엄마, 내 집이 엄마 집보다 커. 어느 자취방이 쓰리룸이야?" 하며 큰소리친다.

양배 씨와 선영 씨가 서울에서 살아온 주거 이력은 가히 입지전적이다. 어느 연령대가 되면 독립하는 것이 자연스러운 수순으로 여겨진다. 내가 어렸을 때, 서구의 10대들은 일정 나이가 되면 모두 독립한다는 이야기를 듣고 얼마나 부러운 눈으로 지구본을 들여다봤던가. 그러나 유럽도 2008년 경제 위기 이후 독립하지 못하고 집에 머물러 있는 '패러사이트(기생충) 자녀'가 늘고 있다. 이런 현실이 유럽과 영미권 모두에서 봉준호 감독의 〈기생충〉이 높은 인기를 누리는 이유이기도 할 것이다.

이쯤 되고 보니 고시원, 옥탑방, 반지하를 거쳐 지금 전세로, 그것도 서울에서 살고 있다면 크게 출세한 거라고, 두 사람의 친구들은 말한다. 그도 그럴 것이 이들은 학업, 취업을 위해 지방에서 상경해 낯선 공간에 적응하고 높은 물가를 감당하며 전력을 다해 살았다. 그러다 고시원을 탈출하고 옥탑방을 벗어나 이제는 꿈에 그리던 (임대)아파트와 전세 빌라에 산다. 앞만 보고 달려온 두 사람을 (거주지 면에서) '자수성가'했다고 불러도 이상하지 않을 것이다.

　이들의 거주 이력은 사람이 돈 벌고 사는 일이 결국 제 한 몸 누일 공간을 마련하는 것임을 보여준다. 시간과 노력의 산물인 그 공간 밖으로 밀려나는 일은 상상할 수 없으므로, 이제부터는 그 공간을 지켜내는 게 이들의 가장 중요한 과업이 될 것이다. 만약, 이들이 더 가열 차게 노력해 집 한 채를 마련한다면 이제 그곳은 생활 기억이 쌓여가는 공간으로서의 소재지라기보다, 집값이 얼마나 오를 전망인지를 가늠해보는 금전 개념의 소유지가 될 가능성이 크지 않을까?

셰어하우스,
이상과 현실 사이

성 소수자 청소년을 상담하는 에디 씨도 월세를 전전하다 대출금을 받아 지금은 서울에서 전세로 산다. 그렇다면 에디 씨도 출세한 사람인데, 여기 그 증거가 있다. 한국여성민우회가 20대에서 50대 비혼 여성 141명을 대상으로 조사해보니[47] 응답자의 60% 가까이가 월세로 살았다. 응답자의 37%는 한 달 소득이 100만 원에서 200만 원 미만이었다. 가난한 비혼이 월 소득 대비 월세 지출에 얼마나 큰 부담을 느끼는지 알 수 있는 대목이다. 에디 씨도 비슷하다. 만일 그녀가 혼자 이 정도의 월세를 감당했다면 그녀는 '출세'하지 못했을 것이다.

그녀는 전 직장동료인 룸메이트(이하 그녀 표현에 따라 '룸메')와 전세 비용을 반반씩 부담하고 있다. 우리나라에서 1인 가구는 독신 가구, 독거 가구와 혼용해 쓰이고 '현재, 혼자 살림하는 경우'를 칭한다. 한편, 일본에서 1인 가구는 '자기 집에서 혼자 살고 있는 사람', '다른 사람과 같은 집에 살더라도 별도로 생계를 유지하며 혼자 사는 세입자나 하숙인, 그리고 회사·관공서 등의 사택과 독신 기숙사에서 혼자 거주하는 사람'으로 분류한다(후지모리 가츠히코, 2018).[48] 이 분류에 따르면 에디 씨는 다른 사람과 같은 집에 살더라도 별도로 생계를 유지하는 1인 가구에 속한다. 이를 셰어하우스 형태라고 불러도 무방하다.

음식을 만들고, 먹고, 휴식하는 공간은 함께 쓰고 개인 공간을 분리한 주거 유형인 셰어하우스는, 임차인이 다수여서 임대료 부담도 덜고, 덜 외롭고, 상대적으로 안전해서 혼자 살 거라면 이 방법이 좋다는 사람도 많다.

에디 씨 역시 혼자를 꿈꾸었지만 비싼 주거비, 안전에 대한 두려움, 그리고 아무 때고 찾아오는 외로움을 생각하면 도통 자신이 없었다. 에디 씨가 룸메와 함께 살기 전에는 주거비로 월 50만 원을 지출했다. 그녀의 총수입에 비하면 턱없이 높은 금액이었지만 룸메와 같이 사는 지금은 7만 원만 낸다. 월세가 줄자 당장 삶의 질이 달라졌다. 에디 씨가 룸메와 같은 공간에 살기로 마음먹은 건 월세를 덜어보겠다는 이유가 전부였고 그로 인한 장점도 적지 않다. 그러나 세상에 에누리는 없다. 에디 씨는 누구랑 같이 사는 것이 몹시 고단한 일이라는 걸 요즘 새삼 느끼고 있다.

생활 패턴이 달라도 너무 다른 룸메와는 싸울 일이 잦다. 에디 씨는 일찍 자는 편인데 룸메는 밤늦도록 거실에서 영화 보는 걸 좋아한다. 늦은 밤 집에 돌아오면 불이 모두 켜진 채라 전기세 좀 아끼자고 주의를 주면 룸메는 아껴봐야 별 차이도 없다며 투덜거렸다.

룸메는 고양이 두 마리를 키우고, 에디 씨는 강아지 한 마리를 키운다. 사실 그녀는 강아지를 키울 생각이 없었다. 그녀는 돈은 없지만, 돈 들어갈 곳은 많다. 트랜지션(MTF/male to female)[49]에 필요한 의료비를 모으기에도 빠듯해서, 반려동물 돌보기에 지출할 돈이 없었고, 무엇보다 책임감이 요구되는 일이라 부담스러웠다. 하지만 강아지 사진을 보자마자 그녀도 모르게 그만 키우겠다고 말해버렸다. 옛날에 키우던 강아지랑 너무 닮기도 했지만 보는 순간 외로움 때문에 홀려버렸다.

주인끼리는 싸워도 고양이들과 개는 셋이 잘 논다. 동물도 주인 없는 낮에 혼자 있으면 제 털을 뜯고 자해하니까 어찌보면 '애완 자식들' 때문에라도 룸메와 같이 사는 것인지도 모른다. 그런데 룸메가 반려동물을 훈련하고 양육하는 방식 역시 에디 씨와 너무 달랐다.

룸메는 고양이 살을 빼게 한다고 밥을 아주 조금 주었는데 그러면 배고픈 고양이가 꼭 에디 씨 방 앞에 와서 울었다. 계속 울어대면 에디 씨가 나온다는 걸 알기 때문이다. 룸메는 그녀에게 아무리 울어도 나오지 말라고 하지만, 울음소리 때문에 잠을 잘 수 없으니 그럴 수가 있나. 에디 씨는 평생 함께할 사람이라면 상대를 고치든 자신을 고치든 무슨 수를 써보겠지만 월세 나눠 내는 것을 목적으로 함께 사는 동거인에게까지 그런 에너지를 쓰고 싶지 않다.

남성 룸메랑 한집에 살다 보니 황당해서 웃음이 나는 일도 생긴다. 부부가 아닌 남녀가 함께 사는 형태를 사람들은 잘 이해하지 못하니 젊은 여자와 젊은 남자가 사는 곳은 곧장 신혼집이 됐다.

"건물주는 1층에 사는데, 저더러 '새댁~'이라고 불러요. 그러면 저는 하이 톤으로 '네~' 하고요. 이 집을 구하려고 처음에 집 보러 부동산에 갔더니 '아유, 결혼하시나 봐요'라고 물어요, 그래서 제가 '첩이에요' 했더니 '아, 바람이구나~' 해요. 재밌어요."

비슷한 나이의 남녀가 한집에 같이 살기만 해도 신혼부부라고 단정하고 건네는 '덕담'은 사회가 바람직하다고 여기는 고정된 '정상성'을 잘 보여준다. 성별이 다른 사람 둘이 한집에 살기만 해도 사람들은 의심을 거두고 사회는 이들의 안전을 보장해주겠다는 듯 군다.

물론 조건은 생각보다 까다롭다. 남자 둘이 살거나, 여자 둘이 살거나, 나이 차가 많이 나는 커플이 살거나, 부부로 보이

지 않는 사람 둘이 살거나, 혼자 산다면 이들은 수시로, 무차별

적으로 쏟아지는 질문에 대응할 준비를 해야 한다.

언제까지고 집이 아닌
'방'에 살아야 할지도

　양배 씨도, 선영 씨도, 에디 씨도 어쩌면 운 좋은 경우일지 모른다. 가난한 세입자에게 '나 혼자 산다'는 모험 그 자체다.

　엄마가 반대하고 자신이 선택한 결혼이었다. 보경 씨는 절대 이혼만은 하지 않겠다고 다짐하며 15년을 버티며 살았지만, 남편의 폭행으로 뇌진탕을 당했을 때 "아들 성격이 그런 걸 어쩌겠냐. 참고 살아야지" 하는 시어머니를 보며 이혼을 결심했다. 그 뒤 합의이혼 절차를 밟아나갔다.

보경 씨는 언젠가 TV에서 봤던 여성 쉼터를 찾았다. 그녀는 꼭 물리적인 폭력이 아닌 언어폭력, 정서폭력도 폭력의 우산 아래 있다는 걸 쉼터에 기거하며 알게 됐다. 집단 상담을 받으며 자신의 경우보다 더 심각한 최악의 가정도 자주 보게 됐다. 아이러니하게도 그들로부터 위로를 얻었다.

이후 보경 씨는 보증금 50만 원에 월 30만 원 조건의 고시원으로 들어갔다. 늦었지만 공부도 시작했다. 쉼터에 머물며 누군가의 이야기를 듣고 조언하는 데 소질이 있음을 알았다. 사이버대학에서 상담 공부를 시작한 건 그 때문이었다. 공부를 계기로 여성운동 단체의 상담직에 응시했다. 보경 씨가 실무 경험이 전혀 없음에도 자신의 문제를 진지하게 들여다보고 삶을 바꾸려 애쓰는 그녀의 모습을 높이 산 단체에서는, 그녀를 채용했다. 보경 씨는 그때를 이혼 후 가장 좋았던 순간으로 꼽았다. 그녀는 돌고 돌아 자신이 원하는 곳으로 돌아온 느낌을 받았다. 그녀는 지금도 혼자되길 잘했다고 생각한다.

걱정도 크다. 그녀는 지금 최소한의 생활비를 벌고 있지만 당장 내년이면 위탁이 종료될 상황이다. 새로운 직장을 알아봐야 할 텐데 오십이 다 된 자신을 써줄 곳이 있을지, 없다면 다른 아르바이트라도 해야 하는데 정상적인 급여를 받을 수 있을지 걱정이다.

적은 금액이지만 보험료도 내야 하고 나중에 어찌 될지 모르니 적금도 들어야 한다. 이혼하면서 아이들은 남편이 데려갔다. 아이들을 만난다 해도 이제 와 아이들에게 덕 볼 생각은 추호도 없다. 오히려 엄마로서 어린 시절을 지켜주지 못했다는 죄책감에 괴롭고 아이들에게 부담이 된다는 건 상상만 해도 힘들다. 경제적인 곤궁에 대한 두려움은 퇴직이 가시권에 들어오는 이들의 공통 감정이겠지만, 보경 씨는 앞으로 자신의 삶은 가난과의 사투가 될 것이라 짐작한다. 아직 긴 인생, 보경 씨는 혼자서 그 길을 걸을까?

"좋은 사람 만나면 같이 걷겠죠. 아마 어릴 때와 달리 계산이 들어갈 거예요. 내가 가난하니까 이제 누굴 만난다면 경제적으로 좀 풍요로운 사람을 만나고 싶어요. 하지만 돈 많고 멋진 남자는 나이 어린 여자를 찾아가지 않겠어요?"

곧 쉰을 바라보는 보경 씨는 나이 들어가면서 '노인', '여성',

'1인 가구'로 통계에 잡힐 것이다. 노인을 향해 가는 1인 가구 중 누구도 자유로울 수 없는 질병(치매, 만성질환 등), 빈곤, 주거 불안, 관계 고립을 걱정하겠지만, 어찌 보면 이 중에서 상당 부분은 경제력이 뒷받침되면 해결될 문제이기도 하다. 물려받을 재산이나 가족으로부터 원조받을 게 전혀 없고, 오로지 스스로 벌어 살아낼 근로소득만 있는 보경 씨의 최대 걱정은 경제적 자립이다.

보경 씨처럼 당신이 자주, 주거지 문제로 고민한다면 당신의 집은 집이 아니라 '방'일 가능성이 크다.

다양한 계층이 섞여 살,
'방' 아닌 '집'을 다오

    자신을 주거 취약 계층이라고 말하는 광서 씨. 그는 거리, 고시원, 지인의 집, 쉼터를 거쳐 이곳, 오래된 빌라 반지하에 6년 전에 정착했다. 작은 주방과 화장실이 딸린 방 한 칸에서 나는 냄새는 살다 보면 자연스럽게 배는 생활의 냄새와는 달랐다. 라면이라도 한 번 끓이면 그 냄새가 부엌도 방도 아닌 공간 전체에 스며들었다. 그래도 냄새는 참을 수 있었다. 위층 세입자가 화장실 변기 물을 내리면 물소리가 벽을 타고 흘러

광서 씨 집 전체에 다 울렸다. 광서 씨는 아무리 애써도 이 소리
만큼은 익숙해지지 않았다.

그는 지금 이사 갈 집을 알아보는 중이지만 이번에도 쉽지
않을 것이다. 집주인들은 낮은 금리 대신 '따박따박' 들어오는
안정적인 월세 거주인을 선호한다. 그가 가용할 수 있는 돈은
보증금 1,000만 원 남짓. 월세 없이 이 금액으로 얻을 방이
서울에 과연 있기는 할까?

광서 씨는 서울시에 거주하니까 서울시가 조사한 자료를
놓고 보면, "서울 거주 1인 가구는 122만 9,000가구(2018년
말 기준)로, 전체 가구의 32%를 차지한다. 이 가운데 77.3%는
전·월세, 고시원, 원룸에 거주하고, 청년층 63%가 월세로
살아가고 있다. 특히 주거 불안정과 경제적 부담에 직면해 있
는 것으로 나타났다."[50]

헌법 제34조는 모든 국민은 인간다운 생활을 할 권리를
가진다고 선언한다. 인간다운 생활의 최소 조건은 이제 가
족이 아니라 집일 것이므로, 집 없는 '민달팽이'들에게 인간
다운 생활이란 집다운 집에 사는 것을 말한다. 그러나 3명
중 2명은 전·월세 형태로 고시원, 원룸에 살면서 월세 부담에

시달린다.

유엔 사회권위원회는 한국 정부에 사회 전 분야에 걸친 인권 문제에 관해 시정을 권고했다.[51] 여기서는 주거권에 관해서만 살펴보겠다. 사회권위원회는, 대한민국에는 쪽방촌이나 비닐하우스 같은, 주거지라 칭할 수 없는 곳에 거주하는 개인과 가구 숫자가 너무 많을뿐더러, 강제 퇴거에 처한 세입자를 보호하기 위한 마땅한 장치가 부족하다고 논평했다. 이를 시정하려면 정부가 치솟는 주거비를 규제할 메커니즘을 도입하고, 임차인이 더 오랜 계약 기간을 보장받을 수 있도록 임대차 계약의 갱신을 보장하라고 권고했다.

정부는 지금, 집 없는 1인 생활자들을 위해 무엇을 준비하고 있을까? 1인 가구 주거 지원 정책을 펴기 위해서는 수요를 포함해 맞춤형 방안을 먼저 살펴야 할 것이므로, 보건복지부는 관계기관에 실태조사를 먼저 의뢰했다. 한국보건사회연구원의 조사[52]에 따르면, 전체 가구 응답자는 주택 구입 자금 대출 지원(31.5%)을 가장 많이 선택했고, 1인 가구 응답자들은 공공임대주택 공급(27.0%)을 가장 필요한 주거 지원 정책으로 꼽았다. 1인 가구 중 청년층은 '전세자금 대출 지

원'이, 중노년층은 '공공임대주택 공급'이 가장 필요하다고
했다.

광서 씨는 중위소득 50% 이하 저소득층이자 중년층에 해당
하고, 전세대출보다 '공공임대주택 공급'을 원한다. 앞으로 1
인 가구를 위한 저렴한 소형 임대주택이 얼마나 공급될 것이
냐가 관건이겠지만 집값이 안정되고, 주거비가 지원되고, 대
출금리가 낮고, 공공임대주택 보급이 확대된다면 많은 도시
빈민들이 오로지 공공임대주택만 고집할까?

공공임대주택은 애증의 공간이다. 얼마 전 청년임대주택
평수와 크기를 두고 온라인에서는 논쟁이 일었다.[53] 청년
들은 "5평에서 잠깐 살다 30평으로 간다는 희망만 있으면
그깟 5평에서 못 살 것도 없는데 평생 5평에서 머물게 될 것
같은 불안감이 문제"라고 했다. 그럼에도 서울시가 발표한
역세권 청년 주택의 첫 입주자 모집 경쟁률은 140대 1을 기록
했다.[54]

통계상 청년 1인 가구에 속하는 지형 씨는 정권이 바뀌어도
종부세가 그리 크게 오르지 않는 걸 보면 정부가 윗세대가 보
유한 부동산 가치를 좀 더 중히 여기고 있다고밖에 볼 수 없다

고 말한다. "그럴수록 우리 세대가 노동으로 소득을 만들어 부동산을 살 가능성은 줄어드니까요." 월세를 내면 낼수록 빈곤의 테두리에 갇히고 마는 세대의 불안이 청년의 것만은 아니겠지만, 집과 차를 마련하고 결혼해서 자손을 만드는 게 '정상의 삶'이라면, 지금 이들은 정상은커녕 기본 생활 유지조차 힘든 나날을 산다.

비교적 최근까지 정부는 집을 보유 중심의 공급 정책 차원에서 보았기 때문에, 가격 기준과 공공 규제를 사실상 시장에 맡겨왔다고 해도 과언이 아니다. 법망을 피해가며, 피해를 최소화해가며 몇 채씩 집을 가진 이들이 투기에 몰두하는 동안, 서민층의 생계 부담은 가중됐다. '당신이 사는 곳이 당신이 누구인지를 말해준다'는 카피는 한 사람의 계급 실존을 꿰뚫는 명언 같다.

한국의 5평 청년 임대 주택이 '싼 집'을 찾아 헤매는 '가난한' 계층만의 공간, 그마저도 시작이 아닌 평생 거주 공간이 될지도 모를 걱정을 안겨주는 집이라면, 유럽의 공공주택은 특정 계층에 상관없이 다른 주택으로 옮겨 탈 수 있는 '주거 사다리' 역할을 한다.

세계 최고의 저렴 주택 모델 국가인 네덜란드는 자가 소유자의 75%가 생애 최초의 주택을 공공임대주택에서 시작한다. 여기서 공공임대주택은 더 나은 주택으로 이동하기 위한 디딤돌로서의 집이라는데, 그도 그럴 것이 네덜란드 헌법 제20조 ③에서 "네덜란드에 거주하는 자로서 스스로 생계를 유지할 수 없는 네덜란드 국민은 법률에 규정된 바에 따라 공적 부조를 받을 권리를 갖는다"고 아예 명시해두었기 때문이다.

유럽의 값싼 주택은 부정적인 이미지와는 먼, 사회계층 간 혼합 공간(social mix)이다. 고령자, 장애인 등 주거 취약 계층에게 우선권이 주어지지만, 소득 자격 요건이 따로 없어 고소득층도 이곳에 입주할 수 있고[55] 다양한 계층이 섞여 살아가니 빈민가라는 주거지 낙인도 없다.

2018년까지 개헌을 둘러싸고 기본권 재편에 대한 논의가 풍성했다. 그중 주택 공개념과 주거권을 헌법 차원에서 명시할 필요가 있다는 조항이 신설된 것이 눈에 띈다. 당시 참고한 해외 입법 사례가 핀란드 헌법이라는데, 핀란드 헌법 제19조(사회보장의 권리)에는 "공공기관은 모든 국민의 주거 관련 권리와 본인의 주거를 마련할 기회를 확대한다"[56]고 명시돼 있다. 한국은 언제쯤 헌법에 이런 법조문이 들어가고, 거주권이 사회 구성원 모두의 권리라는 인식이 자리 잡게 될까?

5장
혼자 시대, 보호자는 누구인가

가족 모두를 보호했으나
남은 건 죄책감뿐

살아생전 남편은 당신 비위에 안 맞으면 고약하게 굴었다.
화순 씨 표현에 따르면, 남편은 화순 씨가 '달랑거리면' 때렸
다. 시어머니가 화순 씨에게 싫은 소리를 하면 옆에서 듣고
있다가 화순 씨를 때리려고 달려들기도 했다.

(말려주지 않고요?) "으메, 적이여 적. 애들 공부 갈칠라, 공장
다닐라, 집안일 할라 죽을 둥 살 둥 살았는디 할아버지는 한

량 같이 놀러 다녔제. 그래도 생각해보믄 그 영감이 있응게 살았제. 할아버지 돌아가실 때 서운했어. 말로는 못 해. 좋은 소리 안 했어도 영감 떠나고 난게 영감 자리가 커."

자신을 때리고 구박했어도 남편 떠난 빈자리가 크게 느껴진다고 말하며 화순 씨는 사람 좋은 웃음을 지었다. 1948년생, 화순 씨가 살아온 삶을 거울에 비추면 고스란히 시대상이 담긴 한 권의 두툼한 책이 될 것이다. 그녀는 결혼하지 않는 삶을 상상할 수 없던 시대를 살아왔다. 큰 며느리로 남편의 형, 동생 가족들이 함께 사는 대가족의 밥을 삼시 세끼 해 먹이고, 자식 셋을 너끈히 낳아 길렀다. 시집살이로 온갖 고생을 했어도, 배움의 기회가 없었어도 사는 일이 원래 그런 것이려니 했다.

그런 그녀에게는 아들 셋에 여섯 명의 손주가 있다. 자식들은 명절 포함해서 일 년에 두세 번 정도 화순 씨가 혼자 사는 시골집에 온다. 그녀는 자식들이 늘 보고 싶지만 내색 안 하고, 자식들을 생각해서라도 착하게 살려고 애써왔다. 만약 자신이 아프기라도 하면, 바쁜 자식들 중에 "어느 놈"에게 연락해야 할지 모르겠다고 했다. 아프면 동네 노인정에 나가 노닥거리거나 음식을 나눠 먹는 것도 끝이고 방안에 드러누워 있어야 한다. 병원에 가려면 시(市)나 도(道)로 나가야 하는데, 자식들은 모두 객지에 있다. 이제 시골도 아주 '촌구석'이 아니라면 24시간 편의점이나 한의원, 찜질방 같은 편의시설이 갖춰져 있다. 거기서 서비스하는 이들은 '이곳 출신이 아닌' 아시아 국가 (여자) 사람들이 대부분이다.

어떨 때는 멀리 있는 자식들보다 새로운 소식을 물어다 주는 동장이 더 가깝게 느껴진다. 동장은 나라의 '서비스'가 달라질 때마다 어떻게 달라지는지 알려준다. 화순 씨가 체감하는 이 나라 복지 행정의 변화는 감격 그 자체다. 요양원 비용을 혼자 다 내는 게 아니라 나라에서 일정 부분 책임져주고, 외출할 때는 택시 타고 다니라고 바우처를 주니, 100원이면 아무 때고 읍내에 나갈 수 있다. 노인 됐다고 매달 통장에 얼마쯤 돈도 넣어주니 화순 씨는 나라에 송구하다.

영감 떠나보낸 지 올해로 9년째. 지난해에는 99세 시어머니를 요양원에 모셨다. 화순 씨에게 어머니와 '시'어머니의 구분은 의미가 없었다. 그저 사력을 다해 돌봐야 할 가족일 뿐이었다. 영감 떠나고 난 후로는 시어머니 수발들며 둘이서 그럭

저럭 살았다.

노는 일은 고역이요, '일과 밥은 형제'라고 생각하는 화순 씨는 아직도 밭일을 나간다. 항상 바쁜 그녀는 해만 뜨면 밖으로 나가 돌아다니는 시어머니 뒤를 쫓아다닐 수 없었다. 시어머니 밥을 챙기러 점심때쯤 돌아와 보면, 그때마다 시어머니는 집을 나가고 없었다. 정신도 같이 나갔기 때문이다. 파출소 직원들이 물릴 만큼 다녀갔지만 같은 상황이 반복됐다.

화순 씨는 별수 없이 시어머니를 요양원에 보냈다. 그게 어머니에게 오히려 더 도움이 되리라고 생각했다. 하지만 간호사들에게 듣자 하니 시어머니는 요양원 직원을 붙들고 우리 며느리가 나를 이곳에 가두었으니 며느리를 혼내주고 제발 집에 보내달라고 한단다. 화순 씨는 어찌 되더라도 끝까지 자신이 모셨어야 했나 싶어 죄책감을 느꼈다.

혼자서는 도저히 감당할 수 없어서 시어머니를 요양원에 모셨지만, 더는 돌보기 싫어 요양원에 넣어버린 불효(?)하는 며느리가 된 기분이랄까?

가정이 친밀하게 서로를 돌보고, 경제 부양도 함께하는 실천의 장이라면 서로가 서로에게 그러해야 하지만, 화순 씨는 때로는 인간 이하의 처우와 불평등을 혼자 감당하며 가정을 유지해왔다. 그럼에도 가족을 버렸다는 죄책감에서는 자유로울 수 없었다.

마음에 답답함이 차오를 때마다 화순 씨는 오토바이를 타고 농협에 장도 보러 가고 목욕탕에도 간다. 바람을 가르며 신나게 달릴 때 화순 씨는 비로소 '나 혼자 산다'를 실감한다.

화순 씨는 자신도 시간이 더 지나면 더 아프게 될 것이고, 병원에서 요양원으로 옮겨 다니다 (저세상으로) 갈 것이라고 말했다.

보호자를
대동하라고?

2012년 국가인권위원회에서 제작한 영화 〈범죄 소년〉[57]
은 할아버지와 단둘이 사는 15세 소년 지구가 소위 '나쁜 친구
들'과 어울려 다니다 저지른 사소한 범법 행위들이 전과로 쌓
이면서 소년원에 들어가게 되는 이야기다. 자리에 몸져누워
있던 할아버지마저 돌아가셨을 때, 지구는 그야말로 지구상
에 혼자 남겨진 것처럼 보인다. 지구는 출소 이후 가난과 학교
밖 청소년이라는 이중고를 온몸으로 감당하려 하지만 바람과

달리 보호관찰 중에 이전의 '나쁜 친구'와 시비가 붙는 바람에 또다시 소년원에 들어가고 만다.

영화가 완성된 후 감독과 나는 영화 촬영에 지대한 도움을 준 '소년원'[58]에 가장 먼저 달려가 소년들과 〈범죄 소년〉을 봤다.

영화가 끝난 뒤 가장 흥미를 보인 건 언론이었다. 기자들은 '진짜 소년원'의 소년들이 자신과 거의 흡사한 상황이 전개된 〈범죄 소년〉을 어떻게 보았는지 몹시 궁금해했다.

영화를 어떻게 보았느냐는 기자의 질문에 한 소년이 어렵게 입을 열었다. "이 영화는 반드시 보호자가 보아야 합니다."

나는, 순간 멍해졌다. 이 영화를 "우리 엄마가 보면 좋겠어요", "부모님이 보면 좋겠습니다"가 아니라, 보호자라니. 소년의 입에서 튀어나온 '보호자'는 소년이 선생님, 경찰관, 교도관, 판사 그리고 세상 사람들로부터 수도 없이 들어왔던 말이었다. "너, 보호자가 누구야?", "네 보호자 어디 살아?", "(네가 벌인 이 사태를 책임질) 보호자를 당장 데려와" 하고, 소년을 추궁하며 썼을 단어, 보호자. 그런데 우리 사회는 비단 미성년자에게만 보호자가 어디 있냐고 추궁하는 것이 아니다.

지난가을, 혼자 사는 30대 초반 혜수 씨는 한밤중에 장이 꼬이는 통증으로 방안을 데굴데굴 굴렀다. 가까스로 친구에게 전화를 걸었고 급히 달려온 친구가 병원에 동행했다. 간호사는 즉시 수술해야 하는데 혜수 씨와 동행한 이를 보더니 (딱 보아하니 친구라) 혜수 씨 보호자를 불러오라고 했다. 혜수 씨 친구는 무슨 일이 발생하면 자신이 책임지겠다고 했지만, 간호사는 책임은 친구가 아닌 보호자가 지는 것이라고 다시 정리했다. 이쯤 되자 혜수 씨는 (정말 그러고 싶지는 않았지만) 부모 형제와 연락하지 않고 사는 데는 그만한 이유가 있고 개인 사정을 굳이 병원에 말할 이유도 없다고 말했다. 그러자 상대 병원 역시 굳이 환자 사정을 헤아려야 할 이유가 없고 보호자를 대동하라는 요구는 '보호'보다는 '책임'을 묻고자 함이라고 응했다. 그러면서 만들어서라도 데려오기 전에는 치료할 수 없다고 했다.

혜수 씨는 자신이 수술동의서에 서명할 수 없을 정도로 의식을 놓아버린 상태도 아닌데 자기 몸에 대해 이 정도도 결정할 수 없다는 사실에 화가 났다. 하는 수 없이 선배 언니를 불러 사촌이라고 둘러대게 하고 서명을 끝냈지만, 이 과정에서 극도의 불쾌감과 모멸감을 느꼈다.

그 병원이 유난했을 수 있다. 찾아보니 병원마다 보호자에 대한 조치가 조금씩 다르고 환자가 지정하는 대리인이 위임 형식으로 서명하는 곳도 있었다. 그러나 적지 않은 1인 가구를 포함해 법적 보호자를 내세울 수 없는 다양한 형태의 비가족, 동거커플은 병원 이용 시에 병원이 요구하는 보호자의 조건 때문에 크고 작은 어려움을 겪고 있다.

혜수 씨는 병원 직원이 그토록 직계가족을 데려오라고 요구해놓고도 직계임을 증명하는 어떤 것도 요구하지 않았다며, 보호자 대동을 강제할 법적 근거도 없으면서 병원이 편의성만 고려했던 것 같다고 울분을 토했다.

그녀가 느낀 불쾌감과 모멸감은 단순히 보호자가 없어 의료 서비스를 받지 못한 데서 비롯된 감정만은 아니었다. 혜수 씨는 자신이 혼자라는 현재의 조건이 한동안 바뀔 것 같지 않은데, 혼자를 인정하지 않고 무시하는 사람과 제도에 앞으로도 계속 맞서야 한다는 두려움과 공포를 느낀 것이다.

수술동의서(혹은 입원약정서)가 필요하다면, '지금' 환자를 돌보고 있는 사람, 환자가 믿고 의지하는 사람, 같이 살거나 가장 가까이에 있는 사람에게 받아야 한다는 사실을 병원은 받아들여야 한다.

비단 병원만이 아니다. 법률과 정책이 사회 구성원들의 변화하는 삶의 추이를 따라가지 못하면, 의도하지 않더라도 법 테두리 안에 들어오는 사람만 보호하고 경계를 서성이거나 묶이지 않으려는 개인은 구속하거나 불이익을 주는 식으로 그들의 인권을 침해할 수 있다.

여성가족부(2019)가 가족 다양성에 대한 국민 여론조사를 실시했더니, 결혼이나 혈연관계가 아니어도 가족으로 인정한다고 생각하는 사람이 66.3%로 나타났다. 특히 20~30대는 10명 중 7명이 그와 같이 생각했다.

공무원인 30대 후반 은수 씨는 매달 20일에 받는 월급명세서를 볼 때마다 쓴웃음이 난다. 배우자 수당 항목에 찍혀 나오는 배우자 수당 4만 원 때문이다. 은수 씨는 남편이 있어서 4만 원을 받고 있지만, 싱글이라면 가족 수당이라는 항목 자체를 불공평하다고 느낄 만하다. 자녀가 없는 그녀는 자녀가 있었다면 얼마쯤 더 받을 것이다.

둘이 사는데 외로우면 답도 없다고 은수 씨는 말했다. 한때는 전부였던 사람인데 언제부터 아무런 감정을 느낄 수 없게 된 건지, 시간이 지날수록 둘 사이에 꺼리거나 숨기는 말이 늘어났다. 가령, 이런 말은 남편에게 좀체 하기 어려웠다.

"(당신과) 같이 있는데 왜 이렇게 외롭지?"

은수 씨는 사랑 따위 다 식어버렸는데, 헤어지는 것도 귀찮아 그냥 사는 자신에게 때로 화가 나기도 한다.

그런데 그녀는 애정이 다 소멸한 후에도 가끔 동거인 남편의 존재감을 느낀다. 가스검침원이 찾아와서 문 열어달라고 할 때, 택배를 받아야 할 때, 여섯 개 들이 커다란 생수병을 들어 옮길 때 생물학적 '남자'인 남편은 도움이 됐다. 지금 은수 씨와 남편은 감정적인 접점이 거의 없어 서류에만 등재된 가족일 뿐이다. 은수 씨는 오히려 가까이 살면서 반찬을 나눠 먹고, 일주일에 두세 번씩 만나 함께 산책하는 동네 언니가 훨씬 더 가족처럼 느껴진다. 은수 씨는 지금 자신에게 가족 같은 사람은 동네 언니이므로 배우자 수당이 절친 수당으로 바뀌어야 하는 건 아닐까 생각한다.

은수 씨가 만약 다른 동네로 이사 간다면 '동네 언니'는 바뀔 가능성이 있고, 남편과 이혼하고 다른 관계를 갖고자 한다면,

꼭 결혼이 아니라도 '1인 가구'로 집계될 형태 안에서 새로운 관계를 모색해볼 수 있을 것이다. 공유경제처럼 생활을 공유하는 사람들에게는 언제든 실질적인 보호자가 생성, 해체, 재구성될 수 있으니까.

이제 사람들은 결혼이나 혈연관계가 아니더라도 실질적으로 자신을 돕고, 자신이 도와줄 누군가와 가족을 이루며 산다. 자신이 원하는 가족을 구성할 권리(가족 구성권)가 자신에게 있다는 것을 자각하고, 적극적으로 실천하는 단계로 이동하고 있다.

정부가 1인 가구에 관해 알고 싶다면, 정형화되기 어려운 1인 가구들의 이러한 정동과 실정을 파악하는 것부터 시작해야 하지 않을까? 아무 사이도 아니었던 이들이 동반자가 되기도 하고, 어제의 짝이 오늘의 적으로 해체되기도 한다. 그렇게 사람들은 끝없이 이합집산하는데, 1인 가구 정책들은 사람들의 관계 지도를 상상하지 못한 채 수립되기 때문에 단편적인 대응에 머무는 게 아닐까? 물론 정부의 파악이 끝날 무렵, '혼자들'은 또 잡히지 않는 채로 저 멀리 가 있겠지만.

누구나 혼자인 시대,
보호자는 누구인가

    지영 씨는 여전히 결혼할 생각이 없지만, 집에 뭔가 고장 나거나 혼자는 도저히 감당하기 힘든 일이 생기면 '집사'로서 의 남편이 있으면 좋겠다고 생각한다. 예컨대, 교통사고가 난 다. 분명히 자기 아내가 잘못했는데도 남자는 자기 아내 편만 든다. 누가 봐도 몰상식한 상황이지만, 내가 아내라면 그런 남편이 의지가 되겠다 싶은 마음. 편의적이고 이중적인 사고 라는 것을 알지만, 바로 이런 사고가 가족의 상(像)이 무너져가고 있는 지금에도 한편에서는 내 가족만이 나를 지켜줄 수 있다는 '가족주의'가 살아남는 이유일 것이다.

한편, 윤희 씨는 보호자가 필요할 때 주변의 '조력자'들을 떠올린다. 조력자는 나이, 사는 곳, 접촉의 빈도와 무관하다. 조력자는 필요한 장면에 맞게 실리적이고도 기능적으로 분류되므로 보호자 대동을 요구하라는 상대에게 이렇게 묻는다.

"(보호자를 부모, 남편이나 아내를 말하는 거라면 저는 지금 없습니다만) 어떤 해결이 필요한가요?" 그리곤 문제 해결에 도움을 줄 사람을 찾는다.

차 사고가 나면 차 사고에 식견이 있어 문제 해결에 도움을 줄 사람, 간병을 받아야 한다면 평소 의지해왔고 시간을 내줄 수 있는 지인, 법을 따져 물어야 한다면 자신 혹은 지인의 인맥 안의 법조인에게 요청한다.

윤희 씨가 유능해 보인다면 절반만 그런 것이다. 혼자서 유능하지 않으면 고립되거나 배제될 수 있다는 두려움이 만반의 태세를 갖추어두려는 준비된 혼자로 만든다. 이제 당신의 조력자를 떠올려보라. 평소 자신의 인적, 물리적 관계망이 적나라하게 드러나 좌절감을 맛볼 수도 있다.

지영 씨와 윤희 씨의 조력자는 가족 같으면서도 보호자 겸 방어자(protector), 수호자(guardian), 후원자(patron)에 가깝다. 1인 시대, 혼자들의 진짜 보호자는 누구일까?

제도적인 결혼으로 묶일 뜻이 없는 현재 1인 가구와 미래 1인 가구들은 이미 2014년에 태동한 생활동반자법(생활동반자 관계에 관한 법률안)59) 제정을 지지하며 가족의 정의와 보호자에 대한 전통적인 사고가 바뀌길 간절히 바라고 있다.

생활동반자법안은 혈연과 혼인 관계로 구성되지 않은 동거 가구도 법률로 묶인 가족처럼 법적, 제도적 보호를 받아야 한다는 내용을 담고 있다. 이 법이 실행되면 함께 살고 싶은 이들이 서로에 대한 권리와 의무를 실현하면서 '동반자' 관계를 유지하는 가운데 새로운 법적 주체가 될 수 있다. 법 제정을 반대하는 측에서는 이 법은 동성애자들이 원하는 법이라 시행되면 동성혼 합법화는 시간문제가 될 것이라며 반발하고 나서 국회에서 발의조차 되지 못했다.

3년 뒤, 당시 정의당 대선후보였던 심상정 상임 대표는 이 법의 취지를 이어받아 이성 간 혼인에 의한 가족뿐만 아니라 동성 가정, 미혼모, 동거 노인 등 다양한 형태의 가족이 법적

보호를 받을 수 있도록 하는 '동반자등록법'을 제정하겠다고 밝혔다.[60]

당시 심 대표는 '정상 가족'에서 다양한 가족으로의 가족 정책 패러다임의 전환을 끌어내겠다며, 동반자등록법 제정을 위한 포부를 다음과 같이 밝혔다.

> "노인의 재혼 내지 동거, 장애인 공동체, 미혼모 가정, 동성 가정, 비혼 커플 등 다양한 가족 형태가 다수를 이루고 있음에도 이들을 법적으로 보호해줄 수 있는 법적 규정이 전혀 없습니다. 동거 가구를 위한 프랑스의 팍스(PACS) 제도와 같은 동반자등록법을 제정하겠습니다."[61]

심상정 대표는 동반자등록법 제정을 주장하며 프랑스 'PACS(팍스, pacte civil de solidarite, 시민연대계약)' 제도를 언급했다. 다양한 가족 구성권에 대한 논의가 일 때마다 단골로 등장하는 팍스. 프랑스의 팍스 제도를 살펴보기 전에 '시민결합(civil union)'으로 더 친숙한 근대 최초의 합법 결혼 대체제도라 불리는 덴마크의 '파트너십 등록제'를 먼저 살펴볼 필요가 있다.

1989년부터 시행된 이 등록제는 동성결혼 법제화의 신호
탄이 됐다. 파트너 중 1인이 덴마크 시민으로 국내에 거주하거
나 두 사람 모두 2년 이상 덴마크에 거주했다면 성(sex)과 관계
없이 법으로 파트너십을 인정받아, 상속과 사회보장 등 거의
모든 면에서 부부와 동등한 권리와 의무를 보장받는다. 그린
란드(1996), 프랑스(1999), 독일(2001)이 뒤를 이었다. 덴마
크는 2006년 레즈비언 커플의 인공수정 권리를 인정했고,
2010년 5월 파트너십 커플의 입양권을 법으로 보장했다.[62]

팍스는 급격히 감소하는 혼인율, 급속히 증가하는 비혼과
동거에 대한 프랑스의 자구책이었다. 동거로 출생한 아이를
법과 제도로 보호할 수 없는 사회문제에 대한 해결책이기도
했다. 팍스를 부정하던 일각에서는 동성애자들이 이 제도를
적극적으로 활용해 동성결혼이 많이 증가하리라고 예상했지
만, 팍스 등록 커플 중 95% 이상이 이성애 커플로 나타났다.[63]
결혼과 이혼이 복잡하고 불편해서 결혼을 꺼리던 이들이 이토
록 많았다는 방증인 셈이다. 팍스는 함께 살고 싶은 두 사람이
동거계약서를 작성해 관할 법원에 등록하기만 하면 생활동반

자 관계를 인정받을 수 있어서 절차가 간편하고, 혼인과 다를 바 없는 권리를 보장받는다. 헤어질 때도 서류 떼고 뭐하고 할 거 없이 파트너 중 한 명이 관계를 해소하고 싶다고 관공서에 알리기만 하면 처리된다.

우리와 자주 비교되는 일본도 지자체 조례로 만든 파트너십 증명 제도라는 게 있어서 법률상 혼인과는 구분되어 법적 구속력은 없되 혼인 가구와 동일한 혜택을 누릴 수 있다. 이 증명서로 가족용 주택 입주가 가능하며 파트너의 수술동의서 작성도 가능하다.[64]

팍스는 지독한 사회 편견으로 성 정체성을 숨기고 지내오던 동성애자들의 인정욕구와 좌파 진보세력의 사회변혁 의지가 결합해 이루어진 제도다.[65] 이 제도가 프랑스 대다수 국민에게 호응을 얻을 수 있었던 것은 변화하는 세대의 가치와 가족 형태를 정부가 적극적으로 받아 안아 해결점을 찾으려 했기 때문이다.

우리나라도 '지금 곁에 있는 사람이 내 가족'이라는 의지가 정치적으로 표출되기 시작했다. 동반자등록법 청원(2017)이 그것인데, 청원자는 "직계 가족이 아니어도 나와 살고 있는,

내가 믿는, 절망 속에 언제나 도움을 주었던 사람이 진정 보호
자"이기 때문이라고 청원의 이유를 밝혔다. 이 청원에 5만
9,000여 명이 화답했다. 병원에 가야 하거나 보호자 동의를
요구하는 상황이 닥치면 난감한 이들이 이토록 많았던 것이
다. 비록 청와대 검토 기준인 20만 명에는 미치지 못했지만,
이 청원의 의미는 크고 무겁다.

* 청와대 국민청원 게시판

그런가 하면 2018년 7월 청와대 게시판에는 이런 청원도
올라왔다. 성 소수자인 대한민국 국민 A는 사랑하는 사람이

청원개요

안녕하세요. 성소수자, 동성애자로 살아가고 있는 대한민국의 국민 A입니다.

저는 몇 년간 제가 사랑하는 사람과 함께 살아왔고 사랑을 나누고 행복하게 살아왔습니다.

하지만, 제가 사랑하는 사람이 아픈데도 저는 수술동의서에 사인을 하지 않았습니다.

아파서 수술을 해야 하지만 동의를 하지 않았.. 아니 하지 못했습니다.

제가 사랑하는 사람과 20년을 살든 30년을 살든 사실혼 관계이든 아니든 동성이라는 이유로 수술 동의서를 써주지 못합니다.

제가 사랑하는 사람이 저 곁을 떠나도 상주가 되지 못합니다.

그렇게 저는 제가 사랑하는 사람이 아파도 수술동의를 못 하고 곁을 떠나도 상주가 되어서 상을 치르지 못합니다. 그저 바라보고 우는 방법밖에 없습니다.

그렇기에 저는 죄인입니다. 저를 포함한 많은 사람들이 저와 같은 상황을 겪고 있고 아픔을 느낍니다. 더 이상 이런 아픔을 느끼지 않게 '동반자 등록법'을 제정해주세요.

우리나라 사회에서 지금 당장 동성혼 법제화를 하라 말을 못하는 것을 압니다.

하지만, 동반자 등록법만은 제발 제정해주세요.

＊ 청와대 국민청원 게시판

아픈데도 수술동의서에 서명하지 못한 사정을 적고 있다. 국민 A는 개인이 아니라, 저마다의 사정으로 가족을 구성하고 싶은 사람 모두일 것이다.

직접 보지 못했고 만난 적이 없을 뿐 이미 28개국에서 동성 간 파트너십, 동성혼이 법제화됐다. 우리나라에서도 2019년 11월에 1,056명의 동성 커플이 동성혼과 동성 간 파트너십을 인정하지 않으면 차별이라는 집단 진정을 국가인권위원회에 제기했다. 성 소수자 가족 구성권 보장을 위한 네트워크가 이 진정을 대리했다. 사회적 합의나 사회 통합이 먼저라고 주장하는 이들은 여전히 성 소수자를 없는 사람 취급한다. 통합은 합을 이루려고 노력하는 과정이다.

스스로 원하는 가구를 구성하고 살 권리는 언젠가는 실현될 것이고, 더 나은 대안들도 차츰 얼굴을 드러낼 것이다. 유일한 것은 아무것도 없고, 현재의 최선은 새로운 최선이 나타나면 과거가 될 것이다. 통합의 '합'은 시간이 조금만 흘러도 어느새 달라져 있기 때문이다.

'간병 독박'에
이제 그만 돌아가셨으면

옛날에는 제사 지낸다고 하면 "효부시네요"라고 했지만, 요즘은 "아니, 누가 요즘 제사를 지내요" 하는 것처럼, 고령의 부모가 모두 살아계시면 "다복하시네요"가 아니라, "아이고, 어쩐대요" 한다. "부모님 다 건강하시죠?" 하고 물으면, "아, 갈 길이 머네요"라고 받기도 하고.

혼자 지내는 자식은 생각보다 혼자 사는 부모 걱정을 많이 한다. 특히 친구나 지인의 부모에게 나쁜 일이 생기면 자신의 상황에 자동으로 대입하게 된다. 아흔이 넘은 내 지인의 어머니가 집으로 들어오는 길에 넘어지셨다. 다행히 자식들이 금방 달려왔고 제때 병원에 모실 수 있었다. 그런데 만일 혼자 있는 집안에서 넘어지셨거나 어머니에게 무슨 일이 있는지 아무도 몰랐다면?

늙은 부모는 안쓰럽다. 점원은 보이지 않고 키오스크가 맞이하는 매장에서 노인 혼자 음식을 주문하려면 외국어를 쓰는 낯선 나라에 방문한 기분일 것이다. TV에 등장하는 신제품의 용도와 사용법을 설명해주는 것도 자식의 몫이고, 아파서 큰 병원에라도 가게 되면 반드시 자식이 동행해야 한다. 우리나라 대형 병원의 복잡한 구조와 시스템은 절대로 노인 혼자서 처리할 수 있는 수준이 아니다. 그럴 때마다 '그래, 자식인 내가 고생해야지' 싶어 수발을 들다가도 '언제까지 해야 하나' 싶을 때 자식들은 막막하다.

아픈 어머니를 오랫동안 병원에서 돌보고 있는 50대 초반 지숙 씨는 늙으면 삶의 질이 거의 돈으로 결정된다고 일갈했다. 현재 우리나라 평균 간병비는 24시간 기준 10만 원, 한 달에 꼬박 300만 원이 든다. 병원비 별도에, 간병비 300만 원을 쓸 수 있는 보통의 '노인네'가 얼마나 될까? '없는 자식들'은 부모를 간병하면서도 속으로는 이제 그만 돌아가셨으면 좋겠다고 생각한다. 아니, 두 손 모아 빈다.

속 모르는 사람들은 부모가 아프면 그냥 요양원에 모시라고 하지만 요양원도 병원에서 처치를 끝내야 갈 수 있다. 개인별 소득 수준에 따라 1년 동안 낸 진료비가 본인 부담 상한액을 넘으면 초과한 돈을 돌려주는 환급제도가 생겨 예전에 비하면 의료비 부담이 많이 낮아졌다고 한다. 하지만 보통의 돈 없는 사람들은 여전히 힘들다. 요양원도 선택받은 사람들의 몫이고 보통은 요양병원에서 말년을 보내는데, 지숙 씨는 집에서 요양병원까지 가는 기간이 환자 상태에 따라 너무 달라 그동안 가족이 지쳐 떨어지거나 거의 와해될 지경이라고 했다.

지숙 씨가 병원에서 어머니를 간호하며 겪은 바로는, 돈도 돈이지만 누가 간호하는지도 집안의 논쟁거리다. 병실에서 지켜보면, 가족 간병인 열 명 중 아홉은 아내고, 그나마 한 명도 딸이다. 아내가 누워 있는데 남편이 간병하는 경우는 거의 본 적이 없다. 명목상 남편이 간병한다고 해도 그 남편은 거의 병실에 없고 그냥 아내 혼자서 불편을 감수하는 것이다.

어느 정도인지 장기요양보험 통계(2016)를 살펴보니, 노인 장기요양서비스 이용 노인(약 52만 명)을 간병하는 가족 중 여성이 73%이고, 자녀 중에서는 딸과 며느리가 86%였다.

지숙 씨는 노인 간병과 관련한 다른 이야기도 들려주었다. 설혹 남편이 아내의 간병을 맡더라도 실제 수발을 드는 일은 다른 여성 간병인이 하는 경우가 있는데, 아내가 사망한 뒤 간병인과 남편이 함께 살게 되기도 한단다. 그러면 그때부터 집안에서는 '내전'이 벌어진다고 한다. 병원에 잘 와보지도 않던 자식들이 아버지의 '연인'이 된 그 간병인에게 결혼은 절대 안 된다고 으름장을 놓거나, 나중에 아버지가 돌아가시고 나면 사실혼을 주장하며 소송을 걸어서 재산을 가져갈 속셈이 아니냐고 노골적으로 추궁한다는 것이다. 순수하게 노년에 사랑이 싹튼 관계도 자식들 때문에 '엎어지는' 경우가 많다고 말하는 지숙 씨는, 어떤 자식은 '멀쩡한' 아버지를 치매라고 속여 요양원에 보내고 여자와 갈라서게 했다는 사정도 들려주었다.

혹자는 간병인과 환자의 가족 사이에 약간의 트러블이 생긴다 해도 간병인이 맡은 소임을 다한다면 뭐가 문제냐고 말한다. 간병비를 쓰고도 제대로 된 간병을 받지 못하는 경우도 흔하다는 것이다.

공공운수노조 의료연대본부에 따르면, 대형 병원과 요양병원에서 일하는 간병인은 20만 명 안팎인데, 자격증을 따고 전문성을 획득한 후 환자를 돌봐야 함에도 간병인의 자격조건이 엄격하지 않아 서비스 질을 검증할 수 없다고 한다. 돈을 들인다 해도 양질의 서비스를 받기 힘들다는 의미다. 돈이 없으면 간병을 고스란히 가족이 감당해야 하고, 돈이 있어도 서비스의 질을 걱정해야 하는 것이 현실이다.

지숙 씨는 향후 10년 안에 노인 문제가 폭탄처럼 터질 것이라고 했다. 그녀는 병원에서 사람을 잘 살려놓는다면서, 요즘에는 응급실에 평균 열 번은 가야 (비로소) 돌아가신다며 쓰게 웃었다. 의사더러 뭐라고 말은 못 해도 속으로는 '인간아, 왜 살려 놨어?' 따지고 싶어진다고. 자식 입장에서는 자식이기에 감당해야 하는 '독박'이 버겁다. 그렇다면 자식 없이 홀로 늙어 아프면 어찌해야 할까?

그래서 쓴다,
유언장

유언자가 자신의 사망과 동시에 법적 효력이 발생할 수 있도록 일정한 방식에 따라 혼자서 준비해두는 게 유언이다. 계약이 아니라서 계약 상대가 있지 않고 상속받을 사람에게 미리 양해를 구할 일도 아니지만, 어느 정도 형식은 필요하다. 한 번 썼다고 절대 고칠 수 없는 것도 아니고, 유언장을 쓴 후 즉시 생을 마감하는 것도 아니다.

철학자 김영민은 "아침에는 죽음을 생각하는 것이 좋다"라고 했지만, 아침에 썼다가 저녁에 마음이 바뀌어 다시 써도 상관없는 게 유언장이다. 유언자가 꼭 승계할 재산만 유언장에 적는 건 아니지만 남겨줄 재산이 없을 때는 딱히 쓸 필요를 못 느끼는 게 유언장이기도 하다. 그래서 물려주는 건 거의 돈이다.

30대 후반 승현 씨도 그랬다. 끊길 듯 이어지는 아르바이트로 생계를 근근이 이어나갈 땐 몰랐는데 계약직 일을 시작하고, 수입 없는 파트너와의 공동생활을 책임지고, 큰돈은 아니어도 저축도 할 수 있게 되면서 유언장을 써야겠다고 마음먹었다. 본인 표현에 따르면 "걱정을 좀 심하게 하는 편"인 승현 씨는 당장 문밖에 나갔다가 불의의 죽음을 맞을 수도 있다고 생각한다. 그리고 남들은 남겨질 가족을 위해 유언장을 쓴다지만 그는 자신이 번 돈을 가족에게 주고 싶지 않아서 쓰기 시작했다.

승현 씨에게 가족은 당연한 관계가 아니다. 감정 교류 없는 무뚝뚝한 집안에서 자란 승현 씨는 전형적인 TK 보수성을 지닌 아버지가 사회 기득권자이면서도 그런 자각이라고는 조금도 하지 않고 사는 게 싫었다. 아버지는 남들 앞에서는 승현 씨가 일류대에서 강의하는 박사라고 치켜세우지만, 아들의 관심사와 성전환 변천사에 관해서는 무심하고 냉담할뿐더러 부끄러워했다. 그런 가족에게 자기 돈을 내어줄 수는 없다고 생각한 승현 씨는 8년 전부터 쓴 유언장 내용을 바꾸지 않고 있다. 승현 씨가 죽으면 남은 돈은 모두 성 소수자 운동 재단에 기부될 것이다.

이혼하고 10여 년간 혼자 살아온 동호 씨는 늘 다시 가족을 이루고 싶었다. 마음에 꼭 맞는 상대도 있었지만, 재혼으로 이어지지는 않았다. 후손이 지켜보는 가운데 죽고 싶다는 바람을 이루기도 이제는 늦었다. 실현 가능성이 있으려면 가임기의 여성 파트너를 만나야 할 텐데, 그런 기회는 오지 않으리라 생각한다. 운 좋게 만난다 해도 아이를 키울 수 있는 경제적인 여건과 건강이 허락할지도 미지수다. 육체라는 게 비가역적인 흐름이라는 걸 깨닫고, 여기저기 아프기 시작하니 심리적으로는 이미 '늙은이'가 돼 버린 것 같았다. 가족을 이루고 싶다는 마음은 접지 못한 채, 유언장을 쓰며 자신의 부재 이후의 상황을 그려본다. 그는 10년 전부터 혼자 살면서 쓴 유언장을 틈틈이 엑셀 파일에 집어넣었다.

승현 씨와 달리 동호 씨는 유산의 수취인이 자주 바뀐다. A를 사귈 때는 A에게 준다고 쓰지만 헤어지고 나면 "에잇, 안 쥐!"라고 쓴다. 잘 관리해온 자동차와 비교적 값나가는 악기를 가진 동호 씨는 자신이 아끼는 이 물건들을 소중하게 잘 다뤄줄 사람에게 넘기고 싶다. 누군가를 떠올리고 그 이름을 적어두지만, 그에게 섭섭해지면 "이 녀석에게 안 줄 거야!"라고 혼잣말해가며 매달 파일을 업데이트해왔다. 그렇게 혼자 노는 자신이 웃긴다고 여기면서.

그가 엑셀 파일을 만들기 시작한 계기는 단순했다. 동호 씨는 언젠가 휴가차 해외 여행길에 오르면서, 언제든 자신이 죽을 수도 있다는 생각이 갑자기 들었다. 그래서 유언장을 쓰기 시작했는데 쓰다 보니 현재 자신이 중요하게 여기는 사람이 누구이고, 엑셀 칸 안에 누가 들고 누가 나가는지 들여다보는 재미가 생겼다. 그의 기록은 관계 일지와 유언 일기의 중간쯤 돼 보였다.

선영 씨는 가족들에게 말하고 싶지 않지만 친구들에게는 말할 수 있는 비밀이 일기장과 컴퓨터 외장하드에 담겨 있다. 집에 들어서면 눈에 띄는 섹스토이도 그중 하나. 그래서 절친과 약조했다. 서로에게 무슨 일이 생기면 일기장과 컴퓨터 외장하드를 각자 알아서 챙겨주고 연계된 클라우드도 폐기해주기로. 유언이라기보다는 당부에 가깝지만 어쨌든 약조니 서로 무겁게 여기고 지켜주기로 했다. 마음에 드는 섹스토이는 가져다 써도 된다는 거래는 진즉에 성사됐지만.

윤희 씨는 어떨까? 죽음 이후를 생각했다기보다는 사는 동안 노후를 대비한다는 점에서, 윤희 씨의 유언장은 미래보다는 '지금, 여기에서' 효력을 발휘해야 했다. 그런 그녀에게 '생전 신탁'은 믿을 만했다.

그녀는 그동안 적은 월급으로 소소하게 사느라 따로 저축은 못 했다. 다행히 아버지가 돌아가시면서 물려주신 약간의 재산 덕분에 아주 큰 사고만 나지 않는다면 경제적으로 밑바닥에 떨어지지는 않겠다고 생각한다. 이제 가족이라고는 어머니뿐인 윤희 씨는 아무래도 어머니 걱정이 크다. 어머니를 부양할 생각을 하면 좀 더 체계적으로 미래를 고민해야 한다.

신탁 상품은 예금주가 살아 있는 동안 필요한 돈을 금융회사가 관리해주는 것이다. 사는 동안 예금주가 쓸 수 있게 관리하고 남은 돈은 예금주가 지정한 사람에게 줄 수 있다. 흔히 유언대용신탁이라 불리고 살아 있는 동안 맡기기 때문에, '생전 신탁'이라고도 한다.

'40년 동안 김밥 팔아 모은 재산 전부 대학에 기부' 같은 뉴스를 종종 본다. 자기 재산을 분명한 자기 의지로 기탁하는 사람도 있지만, 내 돈이라도 치매가 왔다거나 거동이 불편한 상황에서는 내 마음대로 할 수 없다. 가족 누군가가 써버릴 수도 있고 제3자가 유용할 수도 있다. 이런 걱정을 덜어주는 상품이 윤희 씨에게는 신탁 계약이었던 셈이다.

> "옛날 문학 작품을 보면 먼 친척이나 후원자에게서 유산을 물려받는 이야기가 나오잖아요. 저는 제가 의미 있다고 생각하는 곳에 쓰고 싶어요. 고액 자산가들만 운용하는 게 신탁인 줄 알았는데, 지금은 몇천만 원짜리 집 한 채도 다 계약이 된다고 해요. 앞으로는 더 그렇게 되겠죠. 살던 집이라도 남는다면 의미 있다고 생각하는 곳에 기부한다든지 아니면 누구한테 신탁을 맡긴다든지 할 수 있어요. 자기 경제 상황에 따라 미래를 그리는 게 완전히 달라지는 거예요."

신탁의 대상자로 사람만 지정할 수 있는 것은 아니다. 우리 나라도 펫팸족(pet과 family 합성어) 인구가 1,000만 명에 이르 면서, 반려인이 자기 사후에 남은 재산을 반려동물에게 사용 해달라고 계약을 맺는 펫신탁(pet trust), 반려동물신탁 (statutory pet trust)도 새로운 금융상품으로 등장했다. 펫신탁 은 반려인이 사망하면 반려견을 돌봐줄 새로운 부양자를 미리 지정하고 사육에 필요한 자금을 설정해 이 자금을 부양자에게 지급하는 형태로, 새로운 주인에게 자금을 주기 위해 체결하 는 신탁 계약이다.66)

일부 국가에서는 실제로 반려동물에게 막대한 유산을 물려 준 사례도 있지만 우리나라는 아직 관련법이 없다. 이 역시 시간문제일 것이다.

살던 곳에서
죽고 싶지만

앞서 살펴본, 시어머니를 요양원에 보내고 혼자 사는 화순 씨의 이야기를 다시 해보자. 화순 씨가 죄책감을 느끼지 않으면서 시어머니를 요양원에 모실 수 있거나, 요양원에 모시지 않는다면 집에서 함께 살면서 시어머니를 돌보는 책임을 사회와 나누어지는 방법은 없을까? 화순 씨 말로는 동네 '노인네들' 중에도 딱히 아파서라기보다 돌봐줄 사람이 없어서 입원하는 경우가 많다고 했다. '사회적 입원'이다.

의료급여 장기입원자 중 약 48%, 그러니까 2명 중 1명은 의료가 필요한 입원이 아니라 주거가 열악하고 동거인이 없어서 병원을 찾는 '사회적 입원'으로 조사됐다.[67] 그렇지만 화순 씨는 향후 거동이 불편해져도, 몸이 아파도, 돌봐줄 사람이 없어도 병원이나 요양원에 가고 싶지 않다. 그녀는 자신의 집에서 여생을 마치고 싶다.

　시설이 아닌 자신의 집과 지역사회에서 여생을 보내는 것을, 살던 곳에서 죽는다는 의미로, '에이징 인 플레이스(aging in place)'라고 한다. 연령, 소득, 능력 수준과 관계없이 안전하고 독립적이고 편안하게 자신의 집과 지역사회에서 살 수 있는 능력까지를 포함하는 개념이다.[68] 그럼, 어떻게 집에서 죽고 싶어 하는 사람들의 욕구를 해결할 것인가?

　건강한 노년을 지원하기 위해 노후 개념을 정립하고 시스템을 구축하는 일은 전 세계적인 관심사다. 복지 선진국들에서는 이미 에이징 인 플레이스를 노인 복지 정책의 주안점으로 삼아 지역 포괄 케어 시스템을 비롯한 고령자 지원체계를 구축해오고 있다. 이를 '커뮤니티 케어'라고 한다. 서구 복지 국가에서는 이미 반세기 전부터 시행해오고 있으니 아주 새로울 것은 없다.

영국은 신체적·정신적으로 일상생활을 수행하기(ADL: activities of daily living) 어려운 성인과 아동을 대상으로, 일본은 일상생활[69]에서 기본 동작의 일부 또는 전부를 지원해야 하거나 악화 방지를 지원할 필요가 있는 고령, 장애인, 특히 치매 노인을 대상으로 케어를 펼친다.

우리나라도 초고령 사회 진입이 코앞에 왔다. 정부도 관계 부처 합동으로 지역사회 통합돌봄 계획을 설계하고 노인 커뮤니티 케어 방안을 준비해왔다.[70] 주민들이 사는 곳(자기 집이나 그룹홈 등)에서 개개인의 욕구에 맞는 서비스를 누리면서 지역사회와 어울려 살아갈 수 있게 돕는 것이 목표다. 복지 전문가들은 각각 지원해오던 서비스를 통합적으로 시행한다는 점에서는 진전이 있었지만, 통합돌봄 정책이 실패하지 않으려면 정확한 실수요자에 따른 재정 조달이 우선되어야 한다고 지적한다. 이런 지적을 염두에 두고, 화순 씨의 사례에 적용해보자.

만약 이 정책이 문제점을 보완해나가는 가운데 잘 시행된다면, 화순 씨 시어머니가 병원에서 입원 치료를 받더라도 다시 돌아가기를 희망하면 집에서 적절한 케어를 받을 수 있을 것이다.

예를 들어, 화순 씨가 읍면동의 케어 안내 창구를 방문해 담당자와 상담하면, 담당자는 화순 씨가 받을 수 있는 다양한 서비스와 서비스 제공 기관에 관한 내용을 '케어 통합 이용 안내서'로 정리한 후 안내한다. 시어머니는 검사를 통해 치매 진단을 받고 노인 장기요양 등급을 받은 후 재가요양기관을 통해서 방문 요양·간호·목욕·주야간 보호 등의 서비스를 통합적으로 받는다. 병원에 갈 때는 이동지원서비스를 지원 받을 수 있다. 집 근처 주민건강센터의 방문 간호사가 분기마다 집을 방문해 시어머니의 치매 정도를 관리한다. 물론 이는 계획이 잘 수행됐을 때의 설정이다. 치매 환자는 이보다 변수가 많다. 집안에서 얌전히 치료를 받는 치매 환자라는 가정 하에만 그러할 것이다.

가부장제 가족주의, 이성애 이데올로기를 온몸으로 감당해온 화순 씨가 이제 와 성 평등이나 인권을 자신의 언어로 주장할 수는 없을 것이다. 정부는 자신에게 직접 영향을 미치는 문제를 정치 쟁점화할 수 없는 화순 씨 같은 이들이 (보험 약관 같이 복잡하고 까다로운) 복지 정보를 편하고 쉽게 누릴 수 있도록 해야 한다.

1인 가구를 보호만 받는, 복지 혜택의 수혜자 개념으로만 바라본다면, 요구에 따른 사항을 허덕이며 메워가는 행정의 늪에서 벗어날 수 없다. 개인을 서비스 대상자가 아닌 복지 주체로 우뚝 세우고 개인의 역량을 키우는 데 집중할 때, 국가는 개인의 권리를 증진해갈 수 있다. 이런 사회라야 화순 씨가 나고 자라온 곳에서 안정적으로 죽음을 대비할 수 있을 것이라고 생각했다. 그러나 코로나19로 물든 봄 어느 날, 나는 시골 부모님 댁에 들렀다가 부모님 댁과 이웃해 사는 '김 할머니'를 만나게 됐다. 처음엔 날씨 이야기를 하는 정도였는데 이야기 나누다 보니 길어졌다. 그즈음 할머니에게 일어난 이야기를 들으며 '잘 정비된 시스템'에 대해 다시 생각하게 됐다. 시스템이 한 개인을 얼마나 실질적으로 도울 수 있는지에 대해 말이다. 더불어 살던 곳에서 살다 죽기를 바란다고 하더라도 누구와 지내다 죽고 싶은가는 다른 문제임을 실감했다. 이제 김 할머니 이야기를 하고 싶다.

사이에
꽃이 피건만

이 시대에 자연사(死)는 있는가? 사람들은 암에 걸려 죽고, 매 맞아 죽고, 물에 빠져 죽고, 스스로 생을 마감하며 죽고, 이제 백신 없는 바이러스로 죽는다. 우리는 아무것도 없다는 허무함과 경계 없는 무한함 사이에서 균형을 잃지 않으려 애쓸 뿐, 이 길항적인 인간의 조건을 항상성(恒常性)으로 받아들일 때라야 겨우 살아갈 의지를 다질 것이지만, 지금은 모두가 참으로 균형을 유지하기 힘든 나날을 보내고 있다.

2020년 초입부터 사람들은 거의 매일, 밤사이 코로나19 확진자와 의심 증상자가 몇 명이나 더 늘어났는지 전국 집계 소식을 들으며 아침을 열었다. 출근 후엔 오늘은 좀 다른 아침 인사를 나누고 싶지만, 누군가 우리 지역 확진자 수나 그가 간 동선을 입에 올리고 나면 모든 대화는 다시 '코로나'로 범벅이 돼버렸다.

내 일터가 자리한 곳은 구도심이긴 해도 유동인구는 제법 된다. 가까운 지하철역 지하도엔 계절을 불문하고 노인들이 모여들었더랬다. 쉼터라고도 할 수 없는 콘크리트 바닥에 띄엄띄엄 설치된 딱딱한 철제의자지만 밤이고, 낮이고 빈자리가 없었다. 노인들은 의자 위에 장기판과 바둑판을 놓고 마주 앉거나 아니면 웅크린 채 드러누워 시간을 보냈다. 한 명도 빠짐없이 남자 노인이라 여자 노인들은 도무지 어디에 있는지 궁금하기도 했다. 매일 찾아오시니 이왕이면 좀 더 편한 의자를 놓고 노인들이 즐길만한 문화 공간으로 만들면 어떻겠냐고 나는 구청 직원에게 의견을 개진했다. 그러나 답변을 받아보기 전, 지하도는 범죄 현장처럼 접근금지 띠가 사방으로 둘러쳐졌다. 안내문에는 "코로나19 상황으로 무기한 폐쇄합니다"

라고 쓰여 있다. 이제 그 노인들은 모두 있고 싶지 않은 '집'에만 있는 걸까?

　장성한 자식들이 다 도시로 나가고 낡은 초가를 고쳐 혼자 사는 여든다섯 김 할머니는 칸트가 울고 갈 만큼 규칙적으로 생활한다. 5시에 일어나 세수하고 머리를 만지고 집 근처 밭에 나가 본다. 도시 사람들처럼 밭에게 잘 잤느냐고 간지럽게 묻지 않지만, 대지의 기운이 어제와 같으면 다행으로 여긴다. 혼자 산 지 삼십 년도 넘었다. 누가 외롭지 않으냐고 물어오면 그렇게 묻는 당신이 외로운가 보다고 받아쳤다. 할머니는 몇 해 전 밭에서 둔덕으로 올라오는 길에 미끄러져 엉치뼈를 다친 이후로 가끔 다리에 힘이 풀려 주저앉게 되면서 물리치료를 몇 번 받았다. 평생 남의 손은 빌린 적 없는 몸이라 처음에 마사지라는 걸 받을 땐 미안하고 겸연쩍었다. 받을 때는 불편한데 집으로 돌아와 가만히 누워있으면 그거, 참 시원하구나 싶었다. 막내 딸아이가 병원까지 굳이 가지 말고 일주일에 한두 번 방문하는 요양보호사 제도를 이용하면 번거롭지 않고 편하실 거라고 했다. 김 할머니는 그가 누구라도 바쁜 사람을 집으로 오라 가라 할 수 있을지 미안함과 걱정이 앞섰기에 "됐다", "안 아프다" 하고 말았다. 딸은 엄마의 깔끔한 성격을 알기에, 한두 번 만나보고 영 불편하면 그때 거절해도 되니 밀어내지만 말고 일단 받아보라고 했다. 할머니는 끝내 못 이기는 척했지만, 그렇게 딸뻘인 50대 후반 요양보호사를 만났다.

할머니와 보호사는 벌써 두 계절째 만나고 있다. 이제 할머니는 수요일만 기다린다. 누굴 그렇게 기다려본 적이 있을까 싶게 기다린다. 마사지 때문만은 아니다. 사이사이 얼마나 많은 교감이 흘렀던가. 혼자서는 찬밥에 물 말아먹는 게 전부였는데 이제는 보호사에게 뜨신 밥을 해주고 싶어 쌀뜨물을 받아 솥에 밥을 안친다. 지천에 널린 게 나물이어도 할머니 혼자 먹자고 다듬는 건 참으로 귀찮았으나, 보호사가 돌나물에 밥 한 그릇을 뚝딱 비우는 걸 보고는 이제는 밭에 나갈 때마다 갖은 풀떼기를 뜯어왔다. 그런 보호사를 못 본 지도 벌써 두 달째. 이제 집에는 텔레비전 소리만 난다. 할머니는 코로나 뉴스를 매일 보면서도 저 눈에 보이지도 않는 것이 어떻게 사람을 못 만나게 하는지 신기하다.

할머니도 역병을 모르는 것은 아니다. 홍역은 흔했다. '불주사' 맞은 사람은 괜찮았지만 몇몇은 거적때기에 실려 나가 기도 했다. 그리고 또 무슨 역병이 있었더라. 살림 밑천이던 소가, 내다 팔아야 했던 돼지가 픽픽 쓰러져 나간 적도 있긴 하다. 동네 남자들은 돌림병이라고도 했지만 죄 몰살한 건 아 닌 걸 보면 그건 또 아니었던 거 같다. 오늘은 읍내에도 나가봤 다. 시골 사람들은 별일 없어 보인다. 오로지 뉴스만 난리였 다. 할머니는 혹시 몰라 요양원에 전화해보았다. 요양원 직원 은 보호사를 보내지 못하는 건 노인들 면역력이 약해서라고, 다 할머니를 생각해서라고 한다. 나를 생각해서라고? 얼른 이해는 안 되지만 그렇다니, 그러려니 해야겠지. 명절에나 찾 아오는 자식들 말고는 동네 사람 왕래가 전부인 마을에 이제 외지인도 얼씬 안 한다. 할머니는 다시 일찍 잠들고 새벽에 깨어나 밭을 한 번 둘러보고 집으로 돌아온다. 그리곤 두문불 출한다.

사람들은 우정과 사랑을 말하고, 그것은 마치 뜨겁게 타올 랐다가 꺼져버리는 운동처럼 이내 사그라든다고 말한다. 그 런 우정과 사랑은 사회적 돌봄 관계, 그러니까 할머니와 요양 보호사 사이(관계)에서는 피어나지 않을 것만 같아서 그렇게

나 '시스템적'일까? 『아픈 몸을 살다』의 저자 아서 프랭크은 "좋은 돌봄은 매뉴얼화될 수 없다"라고 했다. 할머니와 보호사를 서비스 종사자와 수혜자로 규정하려 해도 두 사람은 두 계절을 규칙적으로 지나오는 동안 그 '구체적'인 만남 '사이'에서 무엇인가를 느끼고 보았다. 자주 만나다 보니 어느 순간 누가 누구를 돌본다는 경계도 희미해졌다. 그러나 두 사람의 만남이 언제 다시 시작될지는 아무도 모른다. 삼엄한 경계를 넘어 잠깐 드나들던 훈풍이 갑자기 멈춰버린 남북관계 같달까?

エピローグ

에필로그

'혼자들'을 만나고
알게 된 것들

프랑스 싱어송라이터 조르주 무스타키는 그의 대표곡 〈나의 고독(ma solitude)〉에서 고독을 이렇게 노래한다.

그토록 자주 고독과 함께 잠을 잤기 때문에 저는 거의 고독을 애인처럼 생각했어요. 저는 이 공범자와 어디까지 갈지 정말 모르겠어요. (중략) 비록 제가 가끔 고독을 느끼지 않으려 해도, 고독한 감정은 사그라지지 않는답니다. 비록 제가 저를 따라다니는 다른 사람과의 연애를 더 좋아한다고 할지라도, 마지막 날에 가서 그 고독은 저의 동반자로 남아 있게 될 거예요.

노래 속의 '공범자'는 때로 애인 같지만, 사람은 아니므로 진짜 애인이 나타나면 잠시 자리를 내준다. 그러나 마지막까지 남는 진짜 애인은 고독이며, 이때 고독은 공범자에서 동반자로 변해 있다. 조르주 무스타키가 고독을 누구라도 공감할 '동반자'로 풀어놓았다면, 한나 아렌트는 고독의 본질과 원리에 몰두한 것 같다.

> "고독 속에서 나는, 나 자신과 함께 있는, '홀로'이다. 그러므로 하나-속의-둘(two-in-one)이다. 반면 외로움 속에서 나는, 모든 타인들에 의해 버려진, 그야말로 하나(one)다."
> _『전체주의의 기원』

외로움이 깃든 나는 타인들에 의해 버려진 하나라니 어쩐지 애처롭게 느껴지지만, 고독은 홀로이기 위해 나 아닌 것들을 바깥으로 내몬 상태라는 결기마저 느껴진다. 이쯤 되면 고독은 감정이 아니라 배우고 익혀야만 하는 외국어처럼 학습해서 얻어지는 능력에 가까워 보인다.

외로움은 자주 결핍, 부재, 부족한 감정으로 받아들여지고,

고독은 할 수만 있다면 고독한 시간을 '가지라'고 장려되는 '무엇'으로 추앙된다.

고독이 이토록 장려되는 시간이라면 어째서 개인을 고독에 이르기까지 가만히 두지 않고 도리어 외롭게 만들까? '혼자들'은 혼자인 상태로 이해받지 못하는 데서는 외로움을, 혼자라고 배제하는 차별의 공간에서는 고립감을 느낀다.

나는 애초 '혼자 사는 이들의 접촉과 고독 사이의 균형을 위하여'라는 제목으로 에필로그를 쓰고 싶었다. 하지만 '균형'이 무엇인지 모르고 한 소리였다.

만약 어떤 이가 혼자 생활의 균형을 잘 유지하고 있다면 평형대에 오른 사람처럼 있는 힘을 다해 균형을 유지하려 애쓸 뿐, 대부분의 순간은 떨어지지 않으려 '안에서' 부들부들 떨고 있을 뿐이라는 걸 나는 이 책에 소개한 사람들을 만나며 알았다. 사람들은 쉽게 절제나 균형을 말하지만 혼자들은 매 순간 자신과 혹은 세상과 견딜 만큼 타협하며 합의점을 찾아가고 있는 것이다.

그럼에도 늘 예상치 못한 복병과 마주해야 한다. 이 책을 퇴고할 즈음, 코로나19의 여파로 '사회적 거리 두기'는 세 차례나 연장되었고, 초등 1학년마저도 온라인 개학에 돌입했다. 난생처음 가는 학교가 가상공간이라니, 미증유 시대가 열린 것이다. 언젠가 오리라 예상했지만 '지금 당장'은 그려본 적 없는 미래가 2020년 봄에 갑자기 찾아왔다. 세계는 지금 감염병 방역에 총력을 기울이느라 저마다 국경을 걸어 잠갔고, 이 때문에 세계로 통하는 길은 막혔다. 이제 우리는 감염병이라는 '적정 불안(optimal anxiety)'을 안고 살아가야 한다.

코로나 정국이 길어지면서 경제 전반이 흔들리고 생계를 위협받는 이들이 늘고 있다. 정부는 긴급 구제 방안으로 재난지원금을 '가구별'로 지급하기도 했다. 그러나 혼자 살면서도 주민등록은 본가에 있는 1인 가구들이 흔해서, 가구별로 재난지원금을 지급할 경우 가족 구성원 각자에게 동일하게 분배되리란 법이 없다. 또 1인 생활자가 전체 인구의 약 30%를 차지하는 상황에서 굳이 개인이 아니라 가구별(특히 4인 가구)로 기준을 잡는 것에 의문을 제기하는 의견도 있다. 언제까지 4인 가구가 우리 사회를 대표할 수 있을까? 정부가 고심을 거듭해 마련한 지원방안이겠으나 조금만 생각하면 1인 가구는 또 '사각지대'가 된 것인가 싶어 아쉽기만 하다.

　한 존재가 사회 안에서 고립에 처하는 건 관련 정책이 없어서가 아니라 세심하지 못한 정책이나 누더기 정책 때문일 수 있다. 개개인의 사정을 잘 헤아려 혼자 살아도 견딜만한 조건을 마련한다면 나는 이를 인간의 정체성을 아는 정책이라고 부르고 싶다. 매번 '사회적 합의'가 전제돼야 한다던 기본소득 논의를 코로나19가 이렇게나 앞당겨 실행해버린 것처럼 1인 가구 정책도 가는 중에 좌고우면하겠으나 결국은 인간의 정체성을 정치하게 헤아리는 방향으로 나아가리라 믿는다.

미주

1) The New York Times, "U.K. Appoints a Minister for Loneliness", 2018.1.17. (https://www.nytimes.com/2018/01/17/world/europe/uk-britain-loneliness.html)

2) 2018년 11월에 밈스 데이비스(Mims Davies)가 신임 장관으로 임명되었다.

3) 미디어오늘, "같은 슬픔 다른 추모", 2018.7.30.

4) Jo Cox Commission on Loneliness, *Combating loneliness one conversation at a time: A call to action*, 2017.

5) Jo Cox Commission on Loneliness, 위의 책, 2017.

6) www.gov.uk

7) "연결된 사회: 외로움 해결 전략(A connected society—A strategy for tackling loneliness)", 2018. (https://www.gov.uk/government/ publications/a-connected-society-a-strategy-for-tackling-loneliness)

8) 안소영, 「영국의 고령화와 외로움 대응 전략」, 『고령화 리뷰』(제30호), 2019.2.15.

9) A connected society—A strategy for tackling loneliness, 2018, 위 홈페이지.

10) 서울시, 사회적 가족 도시 구현을 위한 1인 가구 지원 기본 조례안

11) 제주특별자치도 홈페이지, 도정뉴스, 보도자료 "정례 장년층 1인 가구 지원 복지안전망 구축 강화".

12) 한겨레, "외로움은 새 사회적 질병… 남몰래 외로운 젊은이들", 2019.12.21.

13) 한국의 공공기관과 공기업은 기업 활동 과정이 기관 직원과 협력사 직원의 인권을 고려해 설계되고 시행되는지를 인권 영향 평가를 통해 점검하는 중이다. 이런 배경에는 국가인권위원회가 공공기관과 공기업에 그리하길 권고했기 때문이다.

14) 경향신문, "돌연사 집배원 자리 메운 인력마저 돌연 사망(2019년 9월 현재)", 2019.8.28.

15) 경향신문, 위 기사.

16) 한국경제, "경동도시가스 점검원 노조 탄력적 2인 1조 안전점검 합의", 2019.9.20.

17) 경향신문 "외로움, 국가가 달래주네", 2018.5.14.
18) 한국리서치
19) 한국일보, "한국도 외로움 문제 해결을 위해 정부가 나서야 할까?", 2018.5.11.
20) 한국여성민우회, 1인 가구 여성 이기적 선택은 있는가?, 2016.
21) 라르스 스벤젠, 『외로움의 철학』, 청미.
22) 라르스 스벤젠, 위의 책.
23) 서울시, 내 손안에 서울, '나 혼자 산다' 시대…서울시 1인 가구 맞춤지원 발표, 2019.10.8.
24) 문미란 서울시 여성가족정책실장
25) 김현미, 「1인 가구 여성, 구조적 한계와 능동적 선택 사이에서」, 『1인 가구 여성, 이기적 선택은 있는가? 토론회 자료집』, 2016.
26) 한국보건사회연구원, 「2016, 빈곤통계연보」, 2016.
27) 국제신문, "상대빈곤율, 17.4%가 의미하는 것", 2019.5.2.
28) 권혁철 외, "홀로 살아야 행복한, 중년 남성의 삶", 『사회과학연구』, 제24권, 2017.9.
29) 서울시 복지재단, 「고독사 실태파악 및 지원방안 연구」, 2016.
30) 한국경제, "고독사 예방 좋지만…왜 중년 독거男만 반찬 지원해주나?", 2019.3.18.
31) 통계청, 「2018 통계로 보는 여성의 삶」, 2018.
32) 2018년에 제작된 스릴러 영화. 오피스텔에 혼자 사는 평범한 직장인 경민(공효진)이 퇴근 후 집에 돌아와 자신의 원룸 도어락 덮개가 열려 있는 걸 발견하면서 시작되는 영화.
33) 한국여성민우회, 『1인 가구 여성, 이기적 선택은 있는가? 토론회 자료집』, 2016.
34) 조규원, 김태형, 「도시 1인 가구의 거주지 선택에 대한 젠더 차이」, 한국환경정책학회, 2019.
35) 누구에게도 성적 끌림을 느끼지 않거나, 성생활에 관심이 적거나, 아예 없는 사람인 무성애자(無性愛者, asexual)는 성애의 결여로 보기도 하고, 또는 이성애, 동성애, 양성애와 같은 성애의 한 형태로 보기도 한다 (위키피디아).
36) 위키피디아.
37) 거리에서도 쉽게 확인할 수 있다. 2019년 12월 서울시청 앞 가벽에는 "서울, 출발선을 다시 긋다! 신혼부부 주거지원, '서울시와 함께 라면 신혼집 걱정 끝'"이라는 게시물이 붙어 있었다.

38) 보건복지부 해명 보도자료, 2014.11.12.

39) 매일경제, "싱글稅라도 매겨야 하나…출산율 10년째 제자리, 복지부 대책 부심", 2014.11.12.

40) '주요 저출산 대책의 성과와 향후 발전 방향'이라는 주제로 개최된 인구 포럼에서 한국보건사회연구원의 한 선임연구위원이 「결혼시장 측면에서 살펴본 연령계층별 결혼 결정요인 분석」에서 언급함. 저출산에 따른 인구절벽에 대응하는 방법을 "고학력·고소득 여성이 소득과 학력 수준이 낮은 남성과도 결혼할 수 있게 만들어 유배우율(배우자가 있는 인구 비율)을 상승" 시키자고 제시, 2017.2.24.

41) 뉴시스, "연말정산 A to Z 인적 공제의 다른 이름, 싱글세", 2019.12.18.

42) 헤럴드경제, "50만 원 토해내라?…2030 연말정산 '제2의 싱글세' 비명", 2019.2.14.

43) 통계청, 2018년 사회조사 결과.

44) 2019년 3분기 한국의 합계 출산율은 0.88명으로 신아제한 정책을 펴던 1970년대 이후 1명 미만은 역대 최저치를 기록했다.

45) 선영 씨처럼 싱글이 아이를 입양하려 한다면 가능할까? 가능은 하다. 과거에는 결혼한 사람만 아이 입양이 가능했지만 2007년 개정된 입양 특례법에서 '혼인 중일 것'이란 문구가 삭제됨에 따라 독신자도 입양할 수 있게 됐다. 다만 부부 아닌 혼자서는 아이를 키우기 힘들다는 인식, 어머니 아버지 모두 있는 화목한 가정에서 사랑을 골고루 받고 자라야 정서적으로 안정되게 자란다는 인식은 여전해서 싱글 입양 사례는 그다지 많지 않다.

46) 집, 가족, 가족 중 일원을 생각하면 '집 같은 지옥이 없다'는 사람도 있지만 여기서 집은 혼자 사는 사람의 거주 공간에 한정하고 가족은 논외로 한다.

47) 한국여성민우회, 1인 가구 여성, 이기적 선택은 있는가?, 2016.

48) 후지모리 가츠히코, 김수홍(옮김), 『1인 가구 사회 - 일본의 충격과 대응』, 나남출판, 2018, p.32.

49) 남성에서 여성으로(MTF/male to female), 여성에서 남성으로(FTM/female to male) 트랜지션하는 이들을 트랜스젠더라고 부른다.

50) 서울시 뉴스레터, 〈내 손 안에 서울〉 '나 혼자 산다' 시대…서울시 1인 가구 맞춤 지원 발표, 2019.10.8.

51) 유엔 경제적·사회적 및 문화적 권리 위원회(2017.10.9)가 대한민국 사회권규약 이행 상황 4차 정부 보고서에 관한 최종 견해를 발표했다. 주요 권고 사항은 △해외 진출 한국기업의 인권침해 문제에 대한 법적

의무 수립, △포괄적 차별금지법의 제정, △하청·파견·특수고용노동자 등 비정규직 고용의 남용 억제, △성별 임금격차 축소, △이주노동자 노동 및 사회보장권리 보호, △파업권 보장, △결사의 자유와 단결권에 관한 ILO 협약 87호 및 98호 비준, △부양의무자 기준 폐지, △노인학대 및 아동학대 방지, △자살 예방 노력을 강화할 것 등이다. 특히, 사회권규약위원회는 △기업 인권, △차별금지법, △노조할 권리에 대한 권고는 동 최종 견해의 채택 후 18개월 이내에 이행한 정보를 제공하도록 우리 정부에 요청함으로써 그 시급성을 강조했다.

52) 한국보건사회연구원, 「1인 취약 가구 위험 분석 및 맞춤형 정책지원 방안 연구」, 2016.11.
53) 한겨레. "'평생 머물 것 같은 5평'…'청년임대주택' 둘러싼 청년들의 슬픈 논쟁", 2019.9.18.
54) 연합뉴스. "서울시 역세권 청년주택 첫 입주자 모집… 경쟁률 최고 140:1", 2019.9.20.
55) 김현아 · 서정렬, 『저렴주택』, 커뮤니케이션북스, 2017.
56) 이찬진, "인간다운 생활을 할 권리, 사회보장을 받을 권리를 중심으로", 월간 『복지동향』, 2017년 6월호. 5~20쪽,
57) 2012년 국가인권위원회에서 제작한 영화. 감독 강이관. 주연. 서영주. 107분. 2012 도쿄국제영화제에서 심사위원 대상과 남우주연상을 수상했다.
58) 지금은 1988년에 개정된 소년원법에 의해 1990년에 고봉중고등학교로 개교해 운영하고 있다.
59) 2014년 당시 더불어민주당 진선미 의원이 발의했으나 반대자들의 저항에 부딪히며 국회에 발의되지 못한 채 무산됐다.
60) 정의당 대선공약. 정의당 홈페이지, 2017.3.
61) 정의당 정책자료, 기자회견문. 2017.3.21.
62) 한국일보, "덴마크 시민보장 첫 시행", 2015.10.1.
63) 한국보건사회연구원, 「비혼 동거 커플의 증가와 프랑스의 시민연대계약(PACS)」, 2016.4.
64) M경제매거진, "진선미 여가부 장관 취임 …생활동반자법 제정되나", 2018.10.30.
65) 한국보건사회연구원, 「비혼 동거 커플의 증가와 프랑스의 시민연대계약(PACS)」, 2016.4.
66) 매일경제. "내 반려동물에 재산을 물려줄 수 있을까?…다양해진 '펫금융' 가입해볼까", 2017.1.20.

67) 보건복지부, 보도자료, "퇴원 어르신에게 의료와 돌봄 통합지원 한다", 2019.3.12.

68) U.S. Centers for Disease Control and Prevention.
(https://www.nia.nih.gov/health/aging-place-growing-older-home)

69) 일상생활에 어려움을 느낀다는 건 식사, 배변, 옷 갈아입기, 목욕, 보행 등 일상을 영위하는 데 필요한 기본 동작을 원활하게 수행하지 못함을 말한다.

70) 2018년 11월 보건복지부는 주거, 보건의료, 요양, 돌봄, 독립생활의 지원이 통합적으로 확보되는 지역 주도형 사회서비스 정책으로 커뮤니티 케어 계획을 수립했다고 발표했다.

누구나 혼자인 시대,
자신을 돌보는 '혼자들'을 위하여
나는, 나와 산다

초판 1쇄 발행 2020년 6월 5일
초판 2쇄 발행 2020년 11월 25일

지은이 • 김민아

발행인 • 양문형
펴낸곳 • 끌레마
출판등록 • 제313-2008-31호
주소 • 서울시 종로구 대학로 14길 21 4층
전화 • 02-3142-2887 팩스 • 02-3142-4006
이메일 • yhtak@clema.co.kr

ⓒ 김민아 2020

ISBN 979-11-89497-31-6 (03190)

표지 이미지 Takahiro Suganuma / Offset.com

•값은 뒤표지에 표기되어 있습니다.
•제본이나 인쇄가 잘못된 책은 바꿔드립니다.

이 도서의 국립중앙도서관 출판예정도서목록(CIP)은
서지정보유통지원 시스템 홈페이지(http://seoji.nl.go.kr)와
국가자료종합목록 구축시스템(http://kolis-net.nl.go.kr)에서
이용하실 수 있습니다. (CIP제어번호 : CIP2020017679)